AF357440

LE
MONARQUE ACCOMPLI,

O U

PRODIGES DE BONTE'

DE SAVOIR ET DE SAGESSE,

QUI FONT L'ELOGE

DE SA MAJESTE' IMPERIALE

JOSEPH II.

Et qui rendent cet Augúste Monarque si précieux à l'humanité,

Difcutés au tribunal de la raifon & de l'équité

PAR M^r. DE LANJUINAIS.

Principal du Collège de Moudon.

Narrando laudare & laudando monere, novum
fcribendi genus hactenús intactum.

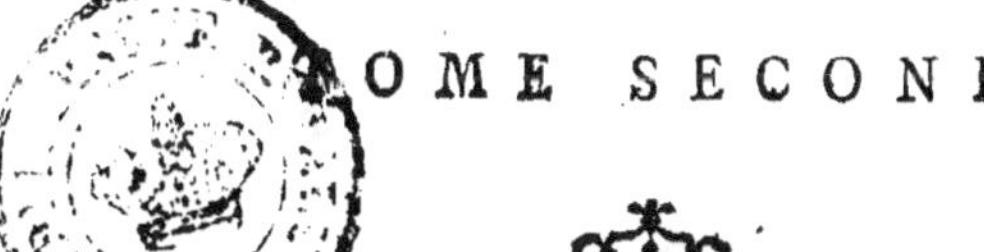

TOME SECOND.

A LAUSANNE,

Chez JEAN PIERRE HEUBACH.

M. DCC. LXXIV.

LE MONARQUE ACCOMPLI.

Es crimes ne font pas les feuls troubles auxquels le gouvernement le mieux organifé foit fujet: Les procés font des maux inévitables dans la focieté qui la minent fourdement. Les crimes attaquent la focieté à force ouverte; alors la focieté s'arme & repouffe la violence. On peut dire qu'il s'éxerce continuellement dans le monde moral comme dans le monde phyfique, deux forces contraires, la force centripéte & la force centrifuge, la force centripéte dans le monde moral, c'eft l'interèt, le befoin & le plaifir qui forcent les hommes à fe réunir: la force centrifuge tend fans ceffe à porter dans une partie de la focieté toute la

puiſſance & tout le bonheur ; & dans une
autre toute la miſere & toute la faibleſſe ; de
ſorte qu'il ſe fait dans toutes les ſociétés de
proche en proche un effort pour ſe ſouſtraire
à l'autorité des loix, ou pour acquerir du pouvoir pour aſſujettir & aſſervir les autres. L'hiſtoire de l'humanité ne nous offre que trop
d'exemples en ce genre, il a donc fallu oppoſer
une force préponderante à la force centrifuge ;
ce ſont les lois qui ſont l'expreſſion de la volonté générale & qui doivent ſervir de contre-
poids à l'effort de ceux qui tendent ſans ceſſe
à s'éloigner du point de réunion : de là l'origine des peines & le droit de punir dans la
ſociété ; tous ces grands traits n'ont point
échappé à la pénétration de VOTRE MAJESTÉ
vous ſavez auſſi que le Souverain qui repre-
ſente la ſociété même, qui la protége & la
tient pour ainſi dire dans ſes mains, eſt le
ſeul qui puiſſe etablir une loi générale pour
les peines à laquelle tous les membres de la
ſociété ſont tenus de ſe ſoûmettre ; mais ce
que VOTRE MAJESTÉ n'ignore pas auſſi c'eſt
qu'il ne lui appartient pas de juger ſi un particulier a encouru la peine portée par la loi ;

c'eſt de là que s'eſt fait ſentir à VOTRE MA-JESTÉ la neceſſité impoſée à un Souverain d'établir des perſonnes qui jugent ſuivant la teneur des loix. En effet dans le cas d'un délit, il y a deux partis; le Souverain qui aſſure que le contract ſocial eſt violé, & l'accuſé lui-même qui nie la réalité de cette violation; au contraire quand il s'agit d'un procès; ce ſont des indi-vidus qui accuſent d'autres individus de violer à leur egard certaines conventions qui reſſer-rent plus étroitement les liens de la ſociété; les accuſés nient la réalité de cette violation, ou peut être accuſent leurs agreſſeurs de la même injuſtice qu'on leur impute. Il eſt donc néceſſaire qu'il y ait un juge entre eux qui décide la conteſtation, c'eſt-à-dire un magiſ-trat dont les jugemens conſiſtent dans une ſimple affirmation ou négation des faits par-ticuliers. Mais en matière civile, comme en matière criminelle les juges n'ont point droit d'interpréter les loix à l'arbitraire, parce qu'ils ne ſont pas Légiſlateurs, & c'eſt à ceux-ci qu'appartient le droit d'interpréter les loix; les magiſtrats ne reçoivent pas les loix de nos An-cêtres comme une tradition domeſtique, ou

A 2

comme les volontés d'un teſtateur, que ſes héritiers doivent accomplir; il les tiennent de la ſociété vivante & ſubſiſtante, ou du Souverain qui la repréſente comme dépoſitaire du réſultat actuel de la volonté de tous. VOTRE MAJESTÉ IMPÉRIALE ſait bien que les loix empruntent leur force obligatoire & leur autorité phyſique & réelle du ſerment de fidélité tacite ou exprès que les volontés réunies des citoyens ont fait au Souverain. Le Prince eſt l'interprète né de ces loix: parce que le Prince c'eſt-à-dire le Souverain eſt lui ſeul le dépoſitaire des volontés actuelles de tous. Le dévoir des juges qu'il établit, conſiſte uniquement à réchercher ſi un tel homme a effectivement commis telle action contre la loi criminelle, ou s'il ne l'a pas commiſe, quand-il s'agit d'un délit; s'agit-il d'un procés, il faut qu'un juge décide ſi telle recherche ou telle pourſuite contre un tel, eſt conforme aux conventions de la ſociété, ou non; ces conventions ſont les loix civiles; ou les loix ſe taiſent, le juge doit ſuivre l'équité naturelle plus favorable à l'humanité que la juſtice civile, parce qu'elle eſt plus dans l'ordre ſévère de la rectitude. Dans

ce dernier cas la logique du juge c'eſt ſa conſcience, mais une conſcience éclairée, & non
erronée comme celle d'Eſcobar ou de ſes con-
fréres : tout homme qui juge ſur un délit peut
ſe contenter d'un ſeul ſyllogiſme pour tout
raiſonnement, dont la premiére propoſition
renferme la loi, la ſeconde propoſition fait une
application de la loi (priſe à la lettre bien entendu) & enfin la concluſion par laquelle
l'accuſé eſt abſous ou condamné ; dès que le
juge ſoit pour s'éclaircir ſoi-même, ſoit à cauſe
de l'obſcurité de la loi , fait plus d'un raiſonnement dans une cauſe criminelle, alors tout
devient obſcur & incertain. Dans les matières
civiles il eſt vrai qu'il y a ſouvent plus d'épines
ſemées, plus de difficultés compliquées ; il eſt
cependant vrai de dire qu'avec des loix civiles
claires & toujours priſes à la lettre, il ne doit
pas être plus difficile à un juge de décider en
matière civile qu'en matière criminelle ; c'eſt
toujours le même raiſonnement : & où les loix
ſe taiſent, ou ne ſont pas claires, le grand
critére d'un juge, c'eſt le bien public ; (les loix
le ſuppoſent toujours.) Quel dommage reſul-
tera-t-il pour la ſociété ? De deux maux le

moindre, ou le plus grand avantage de la
fociété: voilà quelle doit être la regle invariable
de tout juge. Telle eft la baze fondamentale &
inébranlable fur laquelle tout juge doit affeoir
tous fes jugemens , en ne failant acception de
perfonne : pourquoi en matière civile ferait-il
plus difficile auxjuges de terminer les procès,
qu'aux marchands & aux Juifs ? (*)

(*) In caufis criminalibus fententiam omnem niti hoc
Syllogifmo; qui hoc delictum commifit, hâc afficiendus eft
pœnâ, atqui Titus hoc delictum commifit ergo hâc pœnâ
afficiendus.

Major itidem Lex eft, minorve factum peracta rite pro-
batione; ergo reus convictus. Omnis fententia in caufis
civilibus hoc fyllogifmo practico continetur; fi tale fuerit
factum hæc ferri debet fententia, atqui factum eft tale,
ergo ferenda hæc fententia.

Major eft Lex. minor factum per acta probatum:
exempli gratia, fi Titius accufetur ob rationes tutelares non
redditas, hinc locum habet fyllogifmus fequens.

Tutor debet rationes reddere adminiftratorum bonorum
pupilli; atqui Titius eft Tutor, ergo debet reddere rationes.

Apparet adeò, ne inutiles in caufis civilibus decidendis
nectantur moræ, opera danda eft, ne caufæ cognitioni
multum temporis fit impendendum. Et hæc fane eft ratio
cur lites in foro mercatorum atque judæorum ftatim finian-
tur, & cur caufis levioris momenti in judiciis inferioribus
parum temporis impendatur.

VOTRE MAJESTÉ eſt trop bien inſtruite pour ignorer que ſi c'eſt au Prince à établir des juges, il lui appartient auſſi de juger en dernier reſſort ; c'eſt à lui que tout ſujet a droit de recourir en derniére inſtance, & de réclamer ſa protection ; parce que c'eſt la même choſe d'ètre roi, & d'ètre juge : le trône eſt un tribunal ; & la Souveraine autorité eſt un pouvoir ſuprême de rendre juſtice. Dieu vous a établi Roi ſur ſon peuple, diſait la Reine de Saba à Salomon, afin que vous le jugiez & que vous lui rendiez juſtice. Salomon n'était donc Roi que pour la rendre, & il ſe ferait dégradé lui-même s'il avait négligé cette auguſte fonction. Mais pour rendre la juſtice, il faut la ſavoir rendre ; & c'eſt une connaiſſance avec laquelle VOTRE MAJESTÉ a voulu ſe familiariſer dés qu'une raiſon cultivée, lui en a eu facilité l'accès. Qui ſçait mieux que vous GRAND PRINCE, qui avez voulu apprendre a connaître les hommes dans toutes leurs différentes ſituations, voir à quel genre d'épreuve la plûpart ſont expoſés, vous qui avez toujours pris un plaiſir ſécret à les ſuivre dans tous

leurs rapports, & partout où ils fe rencon-
trent, foit qu'ils foient en paix, ou en litige
avec leurs femblables. N'avez vous pas reconnu particuliérement que les procès auxquels la méchanceté du cœur humain a toujours malheureufement beaucoup de part,
que les procès dis-je, tirent principalement
leur fource de l'incertitude du droit; de
quelle furprife & de quel étonnement Votre Majesté, n'a-t-elle pas été frapée, de
voir que ni les Romains qui étaient un peuple
auffi diftingué par le goût des fciences que
par les armes, ni les Empereurs d'allemagne
vos prédécefleurs, n'aient penfé à faire dreffer
& publier un droit certain, c'eft-à-dire un
corps de droit réduit en forme de fyftème,
qui contînt toute la jurifprudence rangée
dans l'orde le plus naturel & le plus convenable, avec les Principes généraux fur chaque
matiére & les conféquences qui en découlent.
Rome du tems de fes premiers Rois ne jouiffait pas d'un droit certain. Les décifions arbitraires du fouverain faifaient les loix, qui
furent récueillies en un volume par *Papirius.*

Le Monarque accompli.

La République Romaine après avoir chaffé
fes Rois, abolit auffi toutes les loix qu'ils
avaient publiées & fut vingt ans fans loix·
Dans la fuite les loix des douze tables qu'elle
tira de la Grèce n'étant pas fuffifantes pour
tenir lieu de droit univerfel, on donna aux
deux magiftrats appellés Duumvirs, & enfuite
au collége des pontifes l'autorité d'interpréter
ces loix: ce collége députait tous les ans
un membre de fon corps pour inftruire les
parties de la maniére dont elles devaient s'y
prendre pour intenter leurs actions, & cet ordre
fubfifta pendant près de cent ans. En même
tems plufieurs particuliers experimentés dans
les affaires de la juftice s'ingérerent d'interpréter les loix & de donner réponfe aux
parties qui les confultaient; c'eft-a-dire qu'ils
leur donnaient des confeils & les guidaient
dans la pourfuite de leurs procès. On fit
auffi de nouvelles loix à l'occafion des nouveaux cas qui fe prefentoient. Celles que le
Sénat faifait avec approbation du peuple furent
appellées en particulier des loix; celles que
les Ediles firent publier, furent nommées
adilitia edicta. Celles du peuple *plebifcita*; &

celles du préteur *prætoria*. Il a été aifé à
VOTRE MAJESTÉ de deviner ce qu'il pouvait
refulter de cette quantité innombrable de loix
de toute efpèce, de ce cahos informe; une
affreufe incertitude du droit. C'eft ce qui fit
naitre au célèbre *Ciceron* la penfée de tirer de
cette foule innombrable de loix, un fyftême qui
fut raifonnable & lié; ainfi que nous l'appre-
nons d'Aulugelle, mais VOTRE MAJESTÉ fçait
auffi-que ce projet ne fut pas éxécuté. Il vous
a été facile de vous former une idée de la jurifprudence de ce peuple célèbre en lifant le traité
admirable du même Ciceron de *legibus*. Jules
Céfar affecté de cette confufion des loix Romaines, penfait à y remedier d'une maniére
efficace? Cet Empereur qui avait l'Efprit fi
délié remarqua bien en particulier que les réponfes des jurifconfultes qu'on regardait
comme autant d'oracles, étaient la principale
caufe de cette confufion, chacun s'ingerant de
donner des réponfes; c'eft pourquoi il ôta à
tous les particuliers l'autorité de répondre en
matiére de droit: circonftance rapportée par
Ciceron même: il faut rendre juftice à cet
Empereur d'un genie fi vafte; il avait formé

le noble & courageux deffein de ranger les loix difperfées çà & là dans un meilleur ordre & d'en faire un fyftème général & complet, mais fa mort prématurée ne lui permit pas d'exécuter au fi beau projet. Il n'en a pas fallu d'avantage pour faire comprendre à VOTRE MAJESTÉ que c'eft fans fondement que Ciceron blâme Céfar d'avoir deffendu ces interpretations qui nuifaient fi fort à la République.

VOTRE MAJESTÉ attentive à fuivre l'hiftoire du droit Romain, eft toujours plus furprife d'en voir l'incertitude augmenter fous les Empereurs qui fuccédérent à Jules Céfar. Augufte fe vit obligé de rendre aux jurifconfultes la liberté de donner des réponfes. Car il n'y avait pas de régle genérale qui apprît à juger de la bonté on de l'injuftice d'une caufe, & qui indiquât quelle action il fallait intenter & comment on devait y procéder. Augufte eut neanmoins la précaution de reftreindre cette liberté, & ne l'accorda qu'à des favans reconnus & autorifés à repondre; en quoi il fut imité par fes fucceffeurs. Le Sénat à qui on avait laiffé l'ombre de l'autorité dont-il jouiffait du tems de la République, publiait tous les jours de nouvelles loix ; elles furent fuivies d'un déluge de conftitutions imperiales, dont Hermogéne & Grégoire firent deux recueils. Les jurifconfultes continuerent leurs réponfes qu'on eftimait comme autant de loix, de forte que fous les premiers Empereurs l'embarras augmenta à un point, qu'il n'était pas poffible de tirer de cette foule de loix de quoi fe faire une idée d'un fyftème de jurifprudence. l'Empereur Hadrien voulut remédier à cet abus & fit raffembler en un volume par le jurifconfulte Flavius Julianus, tous les édits des préteurs les plus eftimés par leur equité & les rangea fous divers titres, compris en divers livres, auxquels il donna le nom d'*Edit perpetuel.* Mais VOTRE MAJESTÉ toujours clairvoyante n'y découvre qu'une fimple collection de fes édits dans laquelle on n'a obfervé aucun ordre dans les titres & dans les livres, les matiéres y font pèle-mèle : on ne fe donna pas même la peine de déterminer les principes généraux fur chaque fujet. On ne porta aucune atteinte aux loix précédentes, aux édits, aux fenatufconfultes, aux réponfes des jurisconsultes, ni aux constitutions impériales qui restèrent en vigueur; de sorte que l'incertitude du droit fut toujours la même.

APRES la mort d'Hadrien la jurisprudence devint encore plus incertaine, ce qui y contribua fut que les jurisconsultes d'alors & sur tout Pomponius Callistratus, Paulus, Ulpianus, Caïus commencerent à faire des commentaires sur l'édit perpetuel, y donnant à leur gré des explications, des limitations, des amplifications & des exceptions; ils n'étaient pas d'ailleurs d'accord entre eux; la décision des causes dépendit pour la plupart du bon plaisir des juges.

VOTRE MAJESTÉ n'a pu voir que du ridicule dans l'Empereur Theodose le jeune qui donna un édit par lequel il n'accordait force de loi qu'à certains livres des anciens jurisconsultes, ordonnant qu'on ne ferait usage que de ceux d'Ulpianus, de Paulus, de Caïus & de Papinianus: il voulut de plus que dans les cas où ils ne feraient pas de même avis, la pluralité fut suivie, que les décisions de

Papinianus prévaluſſent ſur les ſentimens de tous les autres. Le même Theodoſe raſſembla toutes les conſtitutions des Empereurs chrétiens & les comprit ſous divers titres & livres. Ce code de Theodoſe fut fort eſtimé pendant long-tems en orient. Le ſavant Godefroi en a donné une edition enrichie de ſes remarques. Mais ici VOTRE MAJESTÉ éclairée, peut-elle y reconnaître un droit certain bien ſolidement établi? VOTRE MAJESTÉ, ne peut aſſuré-ment découvrir dans ces livres rien moins qu'un ſyſtème complet, pas même des princi-pes généraux qu'on puiſſe appliquer aux cas particuliers. Quelle peine enorme ne devait-on pas avoir à parcourir tous ces livres à chaque pas pour trouver la pluralité? Le code Theo-doſien, n'étant auſſi qu'une collection de conſtitutions imperiales qui décidaient des cas particuliers, avaient les mêmes défectuo-ſités que l'édit perpetuel. Ainſi juſqu'au tems de Juſtinien VOTRE MAJESTÉ n'a vu qu'in-certitude dans le droit Romain. L'Empereur Juſtinien s'en plaignait amérement, il dé-clare lui même que pendant les treize ſiécles qui s'étaient écoulés depuis la fondation de l'Empire, jufqu'au tems de fon règne les Romains n'eurent point de droit certain. Auffi cet Empereur prit-il fort à cœur la réformation de la Juftice. Il fit raffembler en un volume toutes les conftitutions impériales comprifes dans ces trois codes, favoir le Grégorien, l'Hermogenien & le Theodofien, & y ajoûta les fiennes propres. Le tout fut publié fous le titre de code revû de Juftinien & fous celui de *Novelles*. Mais comme ces conftitutions ne decidaient que des cas particuliers & n'étaient pas fuffifantes par confequent pour former un droit commun, il fit faire des extraits des ouvrages des anciens jurifconfultes, qu'il dit avoir été au nombre de deux mille volumes & les fit ranger fous divers titres en 50 livres, qu'il nomma *digeftes*; ou *pandectes*; parceque toute la matiére de la jurifprudence y eft comprife & mife en ordre. On ne peut nier que ce livre ne contienne un tréfor inépuifable de jurifprudence & ne renferme toute la matiére néceffaire pour former un droit commun & univerfel. Cet ouvrage eft d'autant plus eftimable que les anciens jurifconfultes, pour

décider les cas particuliers n'avaient d'autre
régle que celle de la raifon & du bon fens.
De forte qu'on peut dire avec vérité que cette
compilation contient tout le droit naturel en
tant qu'il concerne les fociétés civiles. Mais
quel ne fut pas l'étonnement de VOTRE
MAJESTÉ quand elle ouvrit pour la prémiere
fois, cet ouvrage énorme, cette maffe pro-
digieufe, cette effrayante compilation de loix
que cet Empereur Juftinien I. a fait faire
avec tant de foin par ces fameux jurifconfultes Tribonien, Theophile, Dorotheus &
Jean au fixieme fiécle & ranger dans un certain
fyftème felon l'ordre & la nature des matiéres.
GRAND PRINCE, quand vous ouvrites pour la
premiere fois ce fameux code, ce livre fi
vanté, cet ouvrage fi célébre, le fruit de tant de
veilles, de fueurs & de travaux, entrepris &
conduit à fa perfection fous un Empereur qui
n'était rien moins que philofophe, les hommes etaient encore condamnés pour longtems
à marcher à tâton dans les tenèbres, mais
quelle ne fut pas AUGUSTE MONARQUE votre
ftupeur, quand vous découvrites que ce livre
fi fameux était farci de tant d'abfurdités in
foute-

foutenables & d'un pédantifme qui révolte le bon fens. Quelle belle découverte dites-vous que ce célèbre *corpus juris*? Dans lequel il n'y a pas une page où il ne fe trouve des platitudes, ou des chofes inintelligibles? il fuffit en effet de jetter les yeux fur le corps de droit Romain, pour comprendre que ceux qui l'ont compilé n'ont point formé de fyftême, qu'ils n'ont point fait préceder les principes généraux; qu'ils n'en ont point tiré des conféquences dans l'ordre le plus naturel; mais qu'ils fe font contentés de faire fimplement des extraits des deux mille volumes, dont-il vient d'ètre fait mention. Ces extraits font très fouvent mutilés & même contraires les uns aux autres; de plus, on a fi confufément placé les matières, de même que les livres & les titres de ce corps de droit, qu'il n'était pas poffible d'en déduire un droit général & commun; d'autant plus que les compilateurs y ont inféré des titres qui ne traitent que de procédures, & qu'ils ont par là interrompu le fil des matières du droit. Il fuit de là que pour décider une caufe avec un fondement légitime, un juge devrait favoir par cœur tous les extraits,

& avoir la mémoire affez heureufe pour fe rappeller à chaque procès l'article de la loi qui pourrait fournir la décifion. VOTRE MAJESTÉ a-t-elle pu s'empêcher de rire de pitié à la vuë de la rodomontade redicule de Juftinien qui écrivait au Sénat, qu'il avait entrepris une chofe, que fes prédé-ceffeurs ont eu à la vérité en penfée, mais qu'ils n'ont jamais pû mettre en exécution, une chofe à laquelle on n'avait pas même lieu de s'attendre & que toute la terre regardait comme impoffible, & audeffus des forces de l'entendement humain; était-ce donc quelque chofe de fi merveilleux pour des jurifconfultes, de faire un extrait de deux mille volumes pendant le cours de trois années? Juftinien s'imaginait-il avoir droit de prétendre à une gloire immortelle, parce que fes jurifconfultes avaient fait entrer dans leur compilation indigefte non feulement beaucoup de loix qui avaient été en vigueur à Rome, mais encore un grand nombre d'autres prifes du droit naturel, du droit des gens, des loix Egyptiennes & Greques & des propres conftitutions de cet Empereur.

Ce compofé auffi bizarre que mal digéré, des inftitutes, des pandectes, ou digeftes, du code & des novelles, s'eft appellé droit Romain, parce que les Empereurs réfidans à Conftantinople, fe nommaient toujours Empereurs Romains. Mais à l'ouverture de ce fameux code & furtout des inftitutes, on eft frappé de la bévue de Juftinien qui applique fans choix ni jugement la plûpart des loix qui étaient faites tant bien que mal pour Rome, ou pour d'autres pays, à l'état de l'Empire d'orient, auquel elles ne quadraient point du tout. Quelle fottife encore plus grande aux yeux de Votre Majesté, que les nations modernes de l'Europe aient adopté ce droit pour principe de leur législation & de leur jurifprudence. Tandis qu'autre fois quelques nations qui avaient remarqué les défectuofités du droit Romain, avaient en conféquence défendu fous peine de la vie d'en faire ufage; Comme on peut le lire dans les hiftoriens des Royaumes d'Efpagne, de Suéde & de Dannemark. (*)

____

(*) Voyez Ludewig Indifferentia juris Rom. & Germ. Op. 1. in introitu.

Si l'on ne confiderait que les rubriques &
les titres des livres & des chapitres, de ce
fameux code, il faut convenir que cet ouvrage
contient des loix fur la plùpart des matiéres
& des cas qui fe préfentent dans la vie civile;
mais fi l'on examine comment ces titres font
remplis, l'inconfequence de beaucoup de ces
loix, le peu d'ordre, & de méthode qui y
regne, les chiméres & les plats raifonnemens
dont ce livre fi vanté fourmille, prefque d'une
page à l'autre, on ne peut que déplorer avec
VOTRE MAJESTÉ la faibleffe de l'efprit humain
qui au milien du dix-huitiéme fiècle ne nous
offre pas encore un meilleur guide; tant les
progrès de l'efprit philofophique font lents &
tardifs à fe répandre. Comment ce fameux
code aurait-il pû offrir une théorie parfaite
pour la décifion de ce qui eft jufte, ou injufte, ni un fondement folide pour la fortune
des citoyens? Ces fameufes pandectes ne font
au fonds qu'un amas informe & même qu'un
extrait des meilleurs préceptes & des plus
célébres décifions juridiques, qui etaient con-
nues alors. Les novelles qui forment le droit
le plus récent fervent à expliquer plufieurs

objets du droit précédent, & à y suppléer au befoin. Il n'y règne aucun ordre des matières ; & comme elles font prefque toutes adaptées à l'état de l'Empire d'alors, on ne peut les appliquer que difficilement à la fituation actuelle des états modernes. La plûpart de ces novelles ont été publiées d'abord en langue grecque, & après la mort de Juftinien elles n'ont pas été raffemblées en un corps d'ouvrage régulier. L'ancienne, mais mauvaife traduction latine qui en a été faite eft cependant reputée comme authentique : on l'ajoute au code & on en fait ufage fous le nom d'*authentica collationis.* Il en eft des éditions des novelles, comme de celles des pandectes, il y en a beaucoup de différentes, dont le texte varie à l'infini, ce qui le rend fouvent équivoque, & inintelligible. L'édition commune, comme elle eft dans le *corpus juris* a aujourd'hui autorité de loi, & elle eft généralement reçue pour obvier aux difputes critiques, qui fans cela ne finiraient point : cependant comme ces digeftes font trop prolixes dans le texte original & qu'il n'y règne point de méthode, on ne peut les regarder que comme un dictionnaire à confulter au befoin & pour vérifier les loix que l'on trouve citées, ou pour alléguer les loix mêmes comme des autorités. Il ferait bien à fouhaiter pour le bonheur de plufieurs états, qu'on y eut eu l'efprit de fe borner à ne faire d'autre ufage de cette immenfe collection, fi non de la regarder comme un dictionnaire. (*) Il refulte de tout ce que l'on vient d'expofer que les Romains n'ont jamais joui d'un droit certain. C'eft auffi ce que VOTRE MAJESTÉ ne peut s'empêcher de reconnaître à l'égard de l'Empire d'Allemagne. Car avant que le droit romain y ait été reçu, ce qui arriva dans le treizieme fiècle, chaque peuple avait à la vérité fes propres loix qui ont été recueilles par Lindinbrog, Goldaft, Baluze, dont on peut voir quelques veftiges dans les collections du droit Saxon & celui de Suabe. Mais

---

(*) S'agit-il de fe livrer à l'étude du droit romain, on eft obligé d'avoir recours à un bon abrégé ou traité fyftématique fur ces digeftes & y joindre les meilleures explications des matiéres, les interpretations les plus ingénieufes du texte, les plus fameux commentaires & les controverfes du droit les plus folides qui fervent à l'application des loix juftiniennes au droit moderne.

toutes ces loix étaient fort concises & ne
fournissaient des régles, que sur un petit
nombre de cas, elles ne formaient pas d'ailleurs un syftème & n'établissaient aucuns
principes généraux; d'où il arrivait néceffairement que la plûpart des caufes étaient jugées arbitrairement. Mais lorfque le droit
romain eut été introduit en Italie & qu'il
y eut été enfeigné publiquement, à caufe
du grand nombre de fes loix & de leur
équité, il fut auffi infenfiblement introduit
en Allemagne à la fin du quatorzieme fiècle,
les Docteurs formés dans les univerfités à
la fcience des loix romaines, exercerent les
fonctions de Juges & d'Avocats, & inftruifirent les procès felon le droit romain, d'où
il arriva que l'Allemagne qui jufqu'alors
n'avait eu qu'un droit incertain, eut alors
deux droits également incertains. Dans le
treizieme fiécle, on reçut les décrèts du Pape
Gregoire, ou ce qu'on appelle le droit canon, ce qui forma un troifieme droit, &
comme aucun de ces droits reçus n'avaient
de principes fixes & certains, les Avocats
eurent occafion de tordre les loix, & les ju-

ges celle de prononcer felon leur bon plaifir & de rançonner les fujets. Ce qui porta
l'Empereur Fréderic III. à abroger en quelque façon le droit romain en Allemagne,
par la réfolution de l'empire, en 1441. en-
viron cinquante ans après qu'il y eut été
introduit : pour cet effet il ne permit qu'à
certains Docteurs en droit, établis pour celà dans les univerfités, de donner des réponfes fur des matiéres du droit, leur ordonnant en même tems de conformer leurs réponfes aux loix reçues & approuvées : il dé-
fendit à tous les autres Docteurs de prendre féance dans les juftices & de donner
des inftructions aux parties ; enfin il caffa
les Avocats, parce qu'ils tordaient les loix à
leur gré & ruinaient ceux qui étaient obligés de plaider, n'eft - ce pas encore aujour-
d'hui le même inconvenient, dont on croit
avoir à fe plaindre dans bien des pays.

Il a été facile à VOTRE MAJESTÉ de juger que cette réfolution de l'empire, ne mît
guéres plus de certitude dans la jurifprudence d'Allemagne ; les défectuofités du droit

romain & la contrariété de ses loix avec celles d'Allemagne subsisterent comme auparavant, & les Docteurs qui enseignaient dans les universités, aussi bien que les juges, étaient autorisés à déterminer quelles loix avaient été approuvées & quelles loix ne l'avaient pas été; tout le droit demeura incertain & arbitraire : ces arrangemens ne durerent pas long tems ; car Maximilien fils de cet Empereur, en établissant la chambre de Justice de l'Empire y introduisit en même tems le droit romain & voulut qu'il fut regardé & observé comme un droit écrit, imperial & commun; ce qui fut resolu dans les diétes de l'Empire des années 1495 & 1500. L'incertitude du droit, qui règnait dans le recueil des loix romaines, augmenta encore par une foule de commentateurs qu'on vit paraître en Italie, en France, en Espagne & sur-tout en Allemagne, qui dans l'explication des loix romaines inventerent tant de limitations, d'explications & d'amplifications, que les Avocats eurent une belle occasion d'en éluder le sens. Aussi commencerent-ils dans leurs plaidoyers à ne plus alléguer les loix, mais les Docteurs, les Juges de même au lieu d'examiner la loi & d'en prendre l'esprit, suivirent le sentiment reçu par le plus grand nombre des Docteurs, ce qui fut appellé suivre *l'opinion commune*; le nombre des commentateurs s'étant ensuite fort multiplié, de maniere que dans les cas douteux, il y avait autant de Docteurs pour l'affirmative que pour le sentiment contraire, il arriva que les Avocats alléguerent l'opinion commune contre l'opinion commune, & comme les juges étaient libres de suivre le sentiment de tel Docteur qui leur plaisait, tout le droit resta incertain & arbitraire. L'abus alla si loin que lorsqu'un Avocat pouvait produire en faveur de sa cause une réponse de quelque Docteur en droit, ni lui, ni sa partie ne pouvaient être condamnés aux dépens. Voilà quelle est encore de nos jours en Allemagne l'administration de la justice. Toutes les défectuosités de la compilation confuse du corps du droit romain subsistent encore: de plus le désordre qui résulte des différentes interprétations que les commentateurs

donnent aux loix, auffi bien que des réponfes & des décifions des jurifconfultes,
dont le public eft tous les jours furchargé,
fubfifte pareillement & rend ce droit incertain & arbitraire. La contrariété du droit
romain avec celui de l'Allemagne eft encore
la même, & quelques Docteurs modernes
n'en font qu'augmenter la confufion; les
Triboniens modernes ne méritent guéres plus
de confiance que ceux qui leur ont fervi
de modèle, modèle affurément très - imparfait, comme on eft obligé malheureufement
d'en convenir: ces Docteurs modernes ont
encore augmenté l'embarras, en renouvel-
lant & en recherchant de leur propre autorité & fans néceffité les loix & les coutumes des états de l'Empire. Il s'eft trouvé
dans notre fiècle & dans le précédent, plufieurs favants diftingués par leurs lumiéres
& par leur probité qui ont fenti parfaitement tous ces défordres & qui ont fouhai-
té par cette raifon que l'on penfât enfin à
une bonne réforme de la juftice. Il s'en eft
même trouvé plufieurs qui ont donné au
public des projets d'un nouveau code du

corps de droit: plusieurs Empereurs d'Allemagne, prédecesseurs de VOTRE MAJESTÉ,
ont fait proposer diverses foix dans les diétes,
la réformation de la justice de l'Empire. Mais
a-t-on jamais pensé à former un droit général & certain. Quelques états de l'Empire ont
fait dresser à la vérité de certains corps de
droit, parmi lesquels ceux de Saxe, de Magdebourg, de Lunebourg, de Prusse, du Palatinat, du Wirtemberg, méritent surtout des
éloges: mais aucun de ces corps de droit ne
forme un droit universel & ne renferme toutes
les matieres de droit: ils ne sont pas non plus
reduits en systême, & ne contiennent pas sur
chaque sujet des principes généraux; on se
contente dans la plûpart de regler la procedure
& de décider des cas douteux, par rapport
auxquels les docteurs n'étaient pas d'accord.
Ajoutez à cela, que c'est la raison pourquoi
dans tous ces corps de droit on y laisse subsister
le recours aux loix romaines; de sorte que
l'incertitude du droit subsiste en Allemagne
à peu-près comme auparavant. Dans la foule
des inconveniens sans nombre qui doivent naturellement résulter de l'adoption de ce corps

monſtrueux de droit romain, il en eſt un qui frappe particulièrement VOTRE MAJESTÉ; c'eſt que le *corpus juris* n'a jamais été traduit dans aucune langue vivante, & cependant ces loix romaines ſont la baſe de la juriſprudence moderne en Allemagne & dans pluſieurs autres états. Ces loix doivent ſervir de règle aux actions de tous les ſujets, de tous les citoyens non lettrés qui ne les entendent pas & dont le nombre eſt exceſſif en comparaiſon de la petite poignée de monde qui les comprend; de ſorte que la plus grand nombre agit comme les adeptes en couvrant leur ſécret de voiles impénétrables pour faſciner les yeux du public & en impoſer à la multitude. D'ailleurs les loix romaines ſont ſi ſpécifiées, ſi recherchées, ſi compliquées, & remplies de tant de ſubtilités, qu'elles ſont plûtot des piéges que la chicane tend aux citoyens que des loix. VOTRE MAJESTÉ brûle d'envie de chercher dans les loix fondamentales de l'Empire un remède à cette foule d'inconve- niens inſéparables des loix romaines. Qu'il nous ſoit permis de ſuivre encore, dans ce nouveau dédale, VOTRE MAJESTÉ, que les recher- ches les plus epineuſes ne peuvent rebuter.

Les loix fondamentales de l'Empire, font ou écrites ou adoptées par la *coutume*. Les premieres font proprement des conventions faites entre l'Empereur & les états pour régler la forme de la République ou la maniére de la gouverner, foit en entier, foit en partie; on compte parmi ces loix d'abord les *récés* de l'Empire, autant qu'ils font relatifs à l'état public. On entend par là le recueil des déliberations d'une diéte. Tant que ces affemblées n'étaient pas permanentes, on ramaffait à la fin de chaque diéte toutes les réfolutions qu'on y avait prifés & on les redigeait par écrit, cet acte qui les contient s'appelle *receffus imperii.* (*)

DEPUIS que la diéte s'affemble conftamment a Ratisbonne, les décrets de la diéte tiennent lieu de récès, on en a de fort amples recuëils. L'Empereur, ou à fa place le Roi des Romains, ou bien les vicaires de l'Empire d'un côté, &

(*) Du mot latin *recedere* parce qu'ils furent publiés lorfque l'on était fur le point de fe féparer. Ce mot tecnique a paffé dans la fuite dans la langue françaife.

de l'autre tous les états de l'Empire réunis donnent à ces récès & décrets de la diéte l'autorité & la force des loix fondamentales. La fameufe bulle d'or eft la premiere loi de l'Empire, elle fut donnée par l'Empereur Charles IV. l'an 1356. & tire fon nom du Sceau d'or de l'Empereur qui y eft appendu ; elle eft confirmée nommément & fpécifiée dans toutes les capitulations impériales. L'exemplaire authentique écrit en Langue latine eft gardé à Francfort fur le Mein, ville deftinée à l'élection & au couronnement des chefs de l'Empire. Elle contient plufieurs chapitres du droit public & regle les élections & le couronnement des Empereurs, les droits & les prérogatives des Electeurs, l'ordre & le rang de la cour impériale, les archi-offices de l'Empire & les fonctions de ceux qui en font revètus.

L'ALLEMAGNE était autrefois défolée par la licence des guerres particuliéres. Chaque membre, grand ou petit de l'Empire avait la permiffion d'attaquer fon voifin & de s'en faire rendre juftice les armes à la main & à laide de fes vaffaux, ou bien de fon Seigneur fuze-

rain, de fes amis ou de fes fujets; moyennant quelques déclarations & cérémonies ridicules qui précédaient les voies de fait comme
celles d'envoyer un chien galeux à fon ennemi & ainfi du refte. Cet état de violence
& de défordre ne pouvait fubfifter qu'autant
que les mœurs des germains étaient fauvages;
mais lorfqu'elles commencerent à s'adoucir
& que la nation fe civilifa, les états & tous
les peuples de l'Allemagne furent réunis par
un lien plus doux & plus raifonnable. Ce fut
Maximilien I. qui opera ce grand ouvrage &
qui fit émaner en l'année 1495. à la diéte
de Worms, la conftitution de paix, publique & perpetuelle. Cet acte abolit non feulement la licence de la guerre particulière,
mais il établit auffi la chambre de juftice
impériale qui eft aujourd'hui établie à Wetzlar, comme un tribunal fuprème où toutes les
querelles des particuliers doivent fe décider
en dernier reffort fur les loix & les regles
de l'équité. En même-tems l'Allemagne fut
divifée en cercles, & chaque cercle eut fes
directeurs & fes hauts Officiers. VOTRE MA-
JESTÉ eft obligée de reconnaître ici qu'on ne

peut

peut dater que depuis ce moment la vraie forme du gouvernement de l'Allemagne & ce ne fut qu'alors que les germains devinrent une nation policée. Auſſi la conſtitution de la paix publique a-t-elle été confirmée par la paix de Weſtphalie & dans toutes les capitulations impériales.

LA réformation fit naître des diſputes, des querelles & des guerres en Allemagne la convention de Paſſau faite en 1552. commença à les aſſoupir & la paix d'Augsbourg conclue en 1555. les termina entiérement. Elle eſt connue ſous le nom de la paix réligieuſe & a été confirmée dans tous les actes publics. Les principaux articles ſont, qu'il eſt accordé une entiére liberté & ſûreté à l'égard du culte extérieur aux Electeurs, Princes, villes impériales & aux nobles immediats de l'Empire qui ſuivent la confeſſion d'Augsbourg, comme à l'égard des catholiques romains. Que les trois partis n'en viendront jamais à des voies de fait, que toutes les autres ſectes ſeront exclues de cette paix; VOTRE MAJESTÉ n'eſt-elle pas frappée d'étonnement que de nouvelles

fectes qui demandent & obtiennent d'être
tolérées, foient intolérantes au point de ne
vouloir pas d'autres fectes parmi elles ; d'où
VOTRE MAJESTÉ conclut que toutes les fectes
font intolérantes ; & qu'on ne devrait point
fouffrir dans un état bien organifé aucune
fecte qui n'en voulut fouffrir d'autre.

LES autres articles de cette paix réligieufe
font que la jurifdiction ecclefiaftique du Pape,
des Evèques fur les proteftans reftera fufpen-
due : que les biens Ecclefiaftiques qui fe trouveraient alors entre les mains des proteftans
leur demeureront ; qu'on ne feduira perfonne,
ni par force, ni par artifice, à changer de
réligion ; que l'émigration fera permife aux
fujets qui veulent fe retirer d'un pays pour
caufe de réligion ; que ceux qui contrevien-
dront à ces loix feront punis du ban de l'Empire. Quelques bonnes & fages que fuffent
ces loix, le changement des tems & l'efprit
toujours inquiet des hommes ont rendu leur
multiplication néceffaire & les Electeurs ont fait
avec chaque Empereur une capitulation à laquelle ce monarque s'engage par ferment d'abord

après son élection & avant le couronnement.
On en trouve dejà les traces sous les Empereurs Carlovingiens; mais la premiere capitulation formelle a été faite lors de l'avénement
de Charles-quint au trône impérial. Elle fut
redigée alors en chapitres qu'on nommait
dans la basse latinité *capitula* d'où vient le
mot de capitulation; & elle contient les regles
que l'Empereur promet d'obferver dans l'adminiftration & dans le gouvernement de l'Empire. Il a été facile à VOTRE MAJESTÉ de
prendre une connaiffance exacte de toutes les
capitulations fuivantes dans les divers recueils
des actes de l'Empire; on a propofé plufieurs
fois de dreffer une capitulation perpetuelle;
mais VOTRE MAJESTÉ regarde avec raifon
ce projet propofé par les Princes, comme
une chimère, par la raifon que les changemens toujours nouveaux donnent fans ceffe
lieu à de nouvelles précautions & à de nouvelles claufes & qu'il eft ridicule de penfer à
faire des loix éternelles; auffi ce projet a-t-il
toujours été rejetté & les Electeurs fe font
maintenus dans leur droit.

VOTRE MAJESTÉ porte ſes regards curieux juſques ſur les droits & priviléges, de l'état eccleſiaſtique. Rien ne peut échapper à votre ſagacité. Vous voyez comme, outre les diſpoſitions des anciens conciles, les décrets du concile de Conſtance & les concordats qui y furent établis entre le St. Siége & la nation germanique ont ſurtout acquis force de loi. Il eſt une regle invariable qui attire l'attention de VOTRE MAJESTÉ, c'eſt qu'en Allemagne l'autorité des conciles ceſſe toutes les fois que les loix de l'empire en ont autrement diſpoſé. L'autorité des conciles nationaux & provinciaux y eſt auſſi reconnue, de même que diverſes conſtitutions particuliéres, comme le tranſacte entre l'Empereur Henri IV. & le Pape Calixte II. au ſujet des Evéchés, la convention entre Fréderic III. & Nicolas V. qu'on appelle par excellence les concordats de la nation Germanique: les proteſtans ont été non-ſeulement déclarés libres de ces concordats par la paix de réligion & par celle de Weſtphalie, mais ils ont auſſi conſeillé aux Empereurs de les abolir pour les catholiques, de rendre la liberté à l'Egliſe d'Allemagne & de fuivre les décrets du concile de Bâle. Votre Majesté reconnait encore pour loi fonda-mentale de l'empire & peut-être la principale de toutes, la paix de Weftphalie, c'eft-à-dire autant qu'elle regle l'état d'Allemagne. Un double inftrument en fixe la teneur, l'un fait à Munter, avec la France & l'autre à Ofna-bruck avec la Suéde. La paix de Nimégue conclue entre l'Empire & la France en l'année 1679., celle de Rifwick en 1697., celle de Baden en 1714., celle de Vienne en 1725. & même celle des Pyrenées, d'Aix la chapelle ont toutes acquifes force de loi, autant qu'el-les font relatives à l'état, aux affaires & aux intérèts du St. Empire. Votre Majesté n'a point dédaigné pour s'éclaircir fur ce point & s'affurer de la vérité, n'a point dis-je dé-daigné d'aller les chercher dans les recueils des actes & mémoires publics, dans les corps diplomatiques & ailleurs, & leur validité fe détermine par l'analogie du droit public & la confidération de la diverfité des tems & des circonftances où l'Allemagne fe trouvait alors.

C 3

Outre ces loix ecrites, Votre Majesté voit que l'empire eft encore gouverné par la coutume qui eft la répétition d'actions homogénes & uniformes. Les anciens germains ecrivaient & agiſſaient beaucoup. Ils s'en raportaient à leur mémoire; leurs uſages dévinrent des loix & la coutume conſerve ſa force obligatoire par le conſentement tacite de l'Empereur & des états de l'Empire: elle ſubſiſte non ſeulement eu égard aux affaires de l'état, mais auſſi par rapport à la manière de les expedier; comme dans les élections des Empereurs, dans les fonctions des archi-officiers, dans l'envoi des Ambaſſadeurs, dans les proceſſions, dans les relations & corrélations à la diéte, dans le ſtile de chancellerie. La coutume eſt abolie ou par des loix ecrites, ou par des documens authentiques, ou par d'autres preuves ſemblables.

Votre Majesté reconnait encore que le droit public de l'Empire eſt fondé de plus ſur les principes du droit de la nature & des gens, ſur le droit romain en tant que les loix domeſtiques manquent & qu'il eſt applicable à l'état de l'Allemagne; fur le droit canon en tant qu'il a les mêmes qualités requifes; fur les loix féodales des Lombards, recueillies des ufages des Lombards, des conftitutions des Rois & Empereurs Francs & Germains mêmes; fur les Suabes, Saxonnes: mais VOTRE MAJESTÉ a foin de remarquer auffi que toutes ces loix ne font adoptées qu'au défaut *in fubfidium & fupplementum*, des loix pofitives de l'Empire & qu'elles fe taifent là où ces dernieres parlent. Après avoir ainfi examiné les loix fondamentales de l'Empire, VOTRE MAJESTÉ apprend enfuite à connaitre quel eft le territoire & quelles font les limites de l'Empire, tant anciennes que modernes, les poffeffions qu'il convient de maintenir, & les pertes qu'il faudrait chercher à reparer: c'eft à ce dernier égard un principe immuable du droit germanique, que l'Empire conferve un droit éternel fur tous les pays qui lui ont une fois appartenus à titre légitime, à moins que leur aliénation n'ait été faite par une voye jufte & conforme aux loix univerfelles. Or le St. Empire Romain a été compofé de l'Allemagne, d'une partie de l'Italie, du Royaume de Bourgogne & de celui de Lorraine & d'Arles. VOTRE MAJESTÉ voit avec etonnement comme fa Puiffance était alors des plus formidable ; mais la viciffitude des tems & de la fortune y ont apporté de grands changemens.

L'HISTOIRE des archives, des anciennes chartres & documens de l'art diplomatique, pour découvrir l'origine de toutes ces réunions & acquifitions, paraît aux yeux de VOTRE MA-JESTÉ, néceffaire pour la connaiffance du droit public ; c'eft avec fon fecours qu'on vient a bout de déterminer les provinces, villes ou états de chacun de ces pays qui faifaient partie de l'Empire, quels en étaient les divers titres, ce qui en a été arraché, ce qui y appartient encore, & quelles font les limites exactes des pays qui font demeurés en connexion avec lui. Telles font les profondes recherches qui ont occupé fi longtems VOTRE MAJESTÉ, recherches que vous avez puifées en grande partie dans l'hiftoire d'Allemagne : (*)

____

(*) Scriptores rerum Germanicarum.

qu'on ne vienne pas dire que cette occupation attachante eſt indigne d'un Monarque. Si Votre Majesté ſtudieuſe n'avait pas appris à lire & à chercher elle-mème dans les archives, dans les chartres & dans les plus anciens diplômes , qui vous aurait inſtruit que vous aviez des droits aſſûrés & impreſcriptibles ſur une partie de la Pologne ? Si Votre Majesté n'avait pu voir par elle-mème l'authenticité de ſes titres, elle auroit peut être ſuſpecté la relation de ceux qui en auroient donné avis à Votre Majesté, mais elle s'eſt aſſurée par elle-mème de toûte l'authenticité des titres qui vous aſſurent des droits légitimes ſur un pays qui apartenait autrefois à vos ancètres, qu'ils n'auront pas eu ſoin de conſerver, ou qui leur aura été enlevé injuſtement,

Votre Majesté après avoir conçu une idée nette & préciſe du territoire de l'Empire on vous a vu paſſer à l'examen de ſa forme de gouvernement ; c'eſt ici où les eſprits ſyſtématiques ſe trouvent extraordinairement partagés : mais l'Empire Germanique n'eft-il donc pas un état Monarchique & l'Empereur un Monarque qui a de puiffans vaffaux qu'il gouverne fur des loix fixes & établies? & c'eft ainfi qu'on doit envifager VOTRE MAJESTÉ IMPÉRIALE; les expreffions refpectueufes qu'on trouve dans la bulle d'or, dans les traités de paix de Weftphalie, dans d'autres loix fondamentales de l'Empire, le cérémonial ufité à l'élection & au couronnement de vos ancétres & du vôtre, les fonctions & les refpects que les Electeurs & les autres états de l'Empire font obligés de vous rendre, plufieurs actes d'autorité d'Empereurs très-*Puiffans* exercés autrefois fur des membres de l'Empire, tant de titres réunis affurent à VOTRE MAJESTÉ IMPÉRIALE une autorité fouveraine fur tous les autres Princes d'Allemagne, qui ne font dans le vrai que vos vaffaux. C'eft à tous ces Princes que VOTRE MAJESTÉ IMPÉRIALE veut propofer un modèle accompli d'adminiftration politique, particulièrement pour ce qui concerne la juftice. La fageffe fe contente de recommander aux Rois l'amour de la juftice, parce qu'ils ne font établis Rois fur la terre que pour juger les hommes & que c'eſt rendre inutile le pouvoir que Dieu leur a donné, que de le détourner à d'autres uſages.

MAIS quelle eſt cette juſtice que Dieu a confiée aux Rois? Et en quoi conſiſte l'obligation ſi étroite qu'ils ont de la rendre? Cette juſtice, dont les Rois ſont garans eſt la même choſe que l'ordre, & l'ordre conſiſte en ce que l'égalité morale ſoit gardée, & que la force ne tienne pas lieu de loi; que ce qui eſt à l'un ne ſoit pas expoſé à la violence d'un autre; que les liens communs de la ſociété ne ſoient pas rompus, qu'aucun intérêt particulier ne ſoit préferé au bien public; que l'artifice & la fraude ne prévalent jamais ſur l'innocence & la ſimplicité; que tout ſoit en paix ſous la protection; & que le plus faible d'entre les citoyens ſoit mis en ſûreté par l'autorité publique. Voilà en quoi conſiſte la juſtice; & l'obligation étroite dont Dieu a chargé les Rois, eſt de maintenir cette juſtice; de ſe déclarer ennemi de quiconque en eſt ennemi; de prêter aux loix toute l'autorité qu'ils ont reçue pour elles; & d'employer l'epée que Dieu leur a mife en main contre ceux que le refpect & la crainte n'auront pu retenir. Mais quand les loix ne font qu'une fource d'incertitudes, fans liaifon, fans fyftême, en un mot un tiffu d'équivoques, le repaire de la chicane, la caufe des divifions fans fin parmi les citoyens, de la ruine & de la défolation dans les familles, dans quel cruel embarras fe trouve un Prince qui ne refpire que le bonheur de fes fujets, & qui eft uniquement occupé du foin de les rendre heureux au dedans & refpectables au dehors! Or voilà l'embarras de Votre Majesté; qu'a-t-elle trouvé jufqu'ici, fi ce n'eft qu'équivoque, incertitude, obfcurité, contradiction dans le droit Romain & loix fondamentales de l'Empire; mais voyons fi elle fera plus heureufe dans la recherche du droit Germain & Saxon. Le droit Germain a une liaifon intime avec le droit Saxon: le droit Germanique dont-il s'agit ici différe du droit politique de l'Allemagne, quoique le premier emprunte des recès & autres loix publiques de l'Empire plufieurs conftitutions & ordonnances qui règlent les affaires des particuliers & qui

par conséquent déviennent des objets du droit
civil. Si l'on en croit Tacite, Strabon, Pto-
lomée, & tous les auteurs qui ont parlé de
l'Allemagne, les anciens germains n'avaient
point de loix ecrites. Ils fuivaient les règles
du droit naturel & la coutume : les principales maximes de leur droit coutumier, ils les
tranfmettaient à leur poftérité par tradition &
par des hymnes & cantiques qu'ils recitaient
ou chantaient à leurs enfans, & contenaient
en même tems les actions les plus illuftres de
leurs ancêtres, plufieurs objets du culte. Charlemagne fut le premier qui·apprit aux germains à lire & à écrire, au moins à ces peuples
qui habitaient au centre de l'Allemagne &
dans les provinces feptentrionales & orien-
tales. Mais comme les mœurs de ces peuples
étaient encore fort fimples, pour ne pas dire
fauvages, il eft naturel que ces loix devaient
auffi être fort fimples & imparfaites, c'eft-
à-dire porter fur peu d'objets, parce que les
befoins de ces peuples n'étaient pas fort multipliés & que le commerce, les arts, les fciences,
le luxe leur étaient entiérement inconnus : les
fréquentes revolutions arrivées en Allemagne,

Les changemens continuels dans la forme du gouvernement & les divers partages des provinces, ont empêché que les loix germaniques n'ayent été rédigées à la fois en un fyftème régulier & général, ni même qu'elles ayent été uniformes. Votre Majesté fans s'arrêter à difcuter ce que ces loix auraient dû être, & fi elles ont été dictées par une juftice éclairée & par une faine politique, elle fe contente d'examiner rapidement ce qu'elles font en effet, ce qui refte des loix originaires de l'Allemagne, ce qui y a été ajouté par les législateurs Germains & ce qui eft adopté des étrangers.

Votre Majesté voit que la premiere des loix germaniques qui foit venue jufqu'à nous, eft fans contredit la loi falique. Loi qui vraifemblablement tire fon nom & fon origine des anciens Francs, nommés Saliens qui habitaient le long de la rive Septentrionale du Rhin, & qui introduifirent dans la fuite leurs loix chez les Gaulois; lefquelles loix furent auffi appellées Ripuaires. Quoi-

qu'il foit parlé dans ces loix d'amendes pécuniaires & que l'on fache que les Francs en
deçà du Rhin n'avaient point encore l'ufage
des monnaies, Votre Majesté a lieu de
foupçonner que ces peuples avaient quelque
métal ; ou autre objet incorruptible qui en
tenait lieu & dont ils fe fervaient dans le
commerce ordinaire de la vie, lorfque le
troc abfolu ne pouvait avoir lieu, ou dans
l'acquit des contributions publiques. Il parait conftant & certain aux yeux de Votre Majesté que ces loix viennent originairement des Francs, nation allemande ;
il eft vrai qu'il parait par le petit traité
qui eft à la tête du recueil que nous en
avons, que le Roi Thierri I. étant à Châlons,
réforma & rédigea ces loix pour les Allemands, les Français, les Bavarois & pour
les autres peuples de fon obéiffance. Votre Majesté ne craint point de fe donner
la peine de feuilleter elle-même ce recueil qui eft intitulé le pacte de la loi falique, lequel contient quatre-vingts titres, &
où il eft parlé de différentes matieres &

de différens crimes. Les loix faliques ont été données au public par Pithou & depuis par Mr. Bignon Avocat général qui y a fait de favans commentaires. On a auffi le commentaire de Chifflet, qu'il intitule *natale folum legum falicarum* & un lexique falique des mots Atuatiques.

On voit VOTRE MAJESTÉ s'obftiner à chercher des inftructions tantôt dans le fecond recueil d'anciennes loix germaniques qu'on nomme le Weichbild (*) de Magdebourg ou de Saxe, parce que cet Archevéché fait partie de la Saxe, tantôt c'eft la lecture d'un certain Gryphiander qu'occupe VOTRE MAJESTÉ, auteur qui a écrit un traité *de Weichbildis Saxonicis*, ouvrage eftimé. Après ces pénibles recherches VOTRE MAJESTÉ prend connaiffance de l'ancien droit Saxon, qui fait partie du droit Germa-

ma-

____

(*) L'ancien mot allemand Weichbild répond au mot latin Ager & au Français *territoire*, *environs* : Weichbild veut donc dire ici, droit d'un certain territoire, droit provincial.

manique, celui dont les Saxons Oftfaliens & Weftphaliens fe fervaient autrefois. Il ne confiftait d'abord, comme celui des autres peuples d'Allemagne, que dans des anciens us. Charlemagne leur donna les premieres loix écrites, qui ont été publiées en partie par Herolde, Lindinbrog, Lucas, Holfteinius & autres. Les Empereurs & les Rois d'Allemagne y ont dans la fuite ajouté quelque chofe, & c'eft ainfi qu'on attribue certaines loix à Henri l'Oifeleur & aux Othons. Ecbon de Rebkan Compila vers le commencement du treizieme fiècle une efpèce de Code de toutes ces anciennes coutumes & l'intitula le *Miroir Saxon.* Ce droit eft adopté par une grande partie de l'Allemagne & réputé pour un droit univerfel dans le Palatinat Saxon. Cependant depuis l'introduction du droit Romain, il eft déchû de fon autorité dans plufieurs provinces & fon obfervation eft prefque bornée au pays de la branche Erneftine & Albertine. Quand on veut fe fervir du Miroir Saxon, il eft néceffaire d'y ajouter les glofes, & il faut bien fe garder de le confondre avec le droit féodal de Saxe.

VOTRE MAJESTÉ n'a pu voir dans le *Miroir de Suabe*, qu'une autre compilation d'anciennes loix & coutumes germaniques. Moins confidérable à la vérité que le miroir Saxon, mais qui cependant avait autorité dans les provinces fur le Rhin, dans les pays bas & dans quelques autres contrées de l'Allemagne. On en a diverfes éditions avec des glofes & commentaires. Ce n'eft pas encore tout ; car il faut encore compter au nombre des anciennes loix germaniques le droit ou les ftatuts de Lubeck, célèbre furtout pour les us & coutumes de la mer & les loix du commerce, les ftatuts de Hambourg, les loix de Holftein, le droit de Ditmarfen, quoique ces conftitutions ne foyent ni d'auffi ancienne date ; ni d'une autorité auffi étendue que les précédentes. Qui pourrait jamais s'imaginer que VOTRE MAJESTÉ ait voulu s'occuper du travail pénible de chercher quelque fémence, quelque germe de vérité dans ce fameux traité de Coring, de *origine juris germanici*, dans l'hiſtoire du droit germanique de Hoffmann & dans le *Codex legum antiquarum de Lindenbrog*. Mais il faut l'avouer, VOTRE MAJESTÉ a-t-elle été dédommagée de ſes peines; car à quoi a abouti, tant de travaux & tant de recherches pénibles? Le reſultat eſt que le droit auſſi bien que la juriſprudence moderne de l'Allemagne eſt un compoſé bizarre & ſingulier 1. de l'ancien droit germanique; 2. des nouvelles loix de l'Empire; 3. des nouvelles ordonnances & ſtatuts, que les puiſſans Princes de l'Allemagne ont faits dans leurs états; 4. du droit juſtinien ou romain & 5. du droit canon. Mais toutes ces loix étrangeres auraient-elles dû obliger les peuples d'Allemagne, & à quel point elles les obligent en effet, ce n'eſt pas ce qu'a prétendu examiner VOTRE MAJESTÉ, ni l'objet de ſes recherches. Il lui ſuffit de ſavoir que la choſe eſt ainſi.

Que voit encore VOTRE MAJESTÉ dans l'ancien droit Saxon en particulier, un compoſé 1. du droit, provincial ou du miroir Saxon; 2. du Weichbild Saxon: du vieux droit féodal de Saxe; mais que les changemens des tems y ont apporté d'altérations conſidérables, de même qu'au droit germanique en général! D'autres tems, d'autres mœurs, par conſéquent d'autres loix; VOTRE MAJESTÉ conſidére encore de plus que l'ancien droit Saxon doit être enviſagé comme la baſe du nouveau, & qu'il ſubſiſte au deſſaut de celui-ci. En effet le droit Saxon moderne, *Jus Saxonicum ſpeciale vel novum*, eſt très-différent de l'ancien; on le partage en électoral & ducal. Le premier eſt celui que les Electeurs de Saxe en vertu de leur pouvoir, ont preſcrit à leur électorat & aux pays qui y ſont incorporés; ce droit eſt compoſé d'ordonnances, de déciſions, de réglemens de police & d'autres loix de toute eſpèce. On y trouve surtout les conſtitutions de l'Electeur Auguſte de l'année 1572, diviſées en quatre parties que Muller & Carpzow ont illuſtrés par d'amples commentaires. On y ajoute encore les redreſſemens des Griefs du pays, de

l'année 1609. & les décisions de l'Electeur
Jean-George II. au nombre de 91. que Jean-
Philippe a éclaircies par ses remarques. Voilà donc ce qui forme le corps du nouveau
droit Saxon.

Quant au droit Saxon ducal il ne s'ob-
serve & n'est en usage que dans la branche
Erneftine. Ce droit consiste en diverses constitutions, ordonnances de procès, réglemens
de police, arrêts de tribunaux & autres
loix semblables. Toutes ces constitutions
ainsi que le droit Saxon ducal en général,
suivent cependant l'analogie du droit Saxon
universel. Ce droit oblige tout les états des
pays où il est reçu, ou bien quelques états
en particulier. Il y a encore en Saxe quelques villes & contrées qui ont leurs loix &
coutumes municipales & particulieres, ce
qui a donné naissance au *jus statuarium*,
qui forme de nouvelles difficultés dans l'é-
tude de cette jurisprudence & la rend très-
compliquée.

Quelle lumiére Votre Majesté pouvait-elle rétirer de ce nouveau cahos informe de loix & de ſtatuts, qui ne dérivent d'aucuns principes généraux, qu'on ne peut claſſifier, qui n'eſt pas même ſuſceptible d'un certain ordre; n'eſt-il pas déſeſpérant qu'après tant de peines, de travaux, de veilles, & de r cherches pénibles, on n'en ſoit ni plus inſtruit, ni plus éclairé; que le ſort des hommes eſt à plaindre! on a fait tant de nouvelles découvertes, on a tant perfectionné les arts; ſimplifié les ſciences, on les a miſe pour ainſi dire à la portée de tout le monde, & on n'a pas encore penſé à perfectionner la ſociété; ceux qui la compoſent ſont des eſpèces d'Automates, animaux d'habitude que la néceſſité régit, & jamais la raiſon.

QU'IL ſoit permis de deſcendre encore avec VOTRE MAJESTÉ IMPÉRIALE à quelques détails; nous allons vous ſuivre dans la recherche du droit féodal: mais qu'eſt ce encore que cette nouvelle ſcience; il faut s'inſtruire de bien des choſes pour apprendre à conduire des hommes; tant il eſt difficile de favoir les gouverner, & encore plus de les rendre heureux. Mais fi ce que l'on apprend pouvait du moins procurer quelque lumiére & quelqu'éclairciffement fur les moyens de procurer à une nation le plus grand dégré de bonheur, on fe confolerait de fes peines. Mais y a-t-il rien de pénible & de difficile que VOTRE MAJESTÉ n'entreprenne avec joie & fuccès quand il s'agit de s'éclairer & d'acquerir des connaiffances utiles à la fociété & néceffaires à ceux qui font prépofés pour la diriger. D'un coup d'œil VOTRE MAJESTÉ IMPÉRIALE réconnut que la matière du droit féodal appartient en partie au droit politique ou public, en tant qu'elle régarde les intérêts des Souverains & les liaifons qui fubfiftent entre eux, & en partie au droit civil, en tant qu'elle porte fur la fortune privée d'un grand nombre de citoyens. Vous vous donnâtes bien de garde de vous arrêter à difcuter l'origine des fiefs; favoir fi elle dérive des premiers germains ou non : malgré les doctes fubtilités que l'on trouve dans l'efprit des loix, il vous parut affez probable, par les loix, l'hiftoire & la raifon que l'origine des

fiefs, dérive réellement des anciens germains;
de leur efprit guerrier en général & de leur
droit du plus fort en particulier; moyennant
lequel il était permis à chaque homme libre,
poffédant des portions de terre, de fe rendre
raifon par des voies de fait. On peut fe rappeller que l'Allemagne était anciennement
habitée par une quantité de peuples grands
& petits, que ces peuples avaient chacun un
chef, & qu'au refte toute la nation était par-
tagée en hommes libres & en ferfs. Je n'en-
trerai pas dans de plus grands détails à ce
fujet, il me fuffira d'obferver que les fiefs
prirent naiffance en Allemagne & que fans
une efpèce de miracle ils ne pouvaient pas
manquer d'en refulter: en effet les Rois,
les Ducs, les Princes de ces peuples, comme
on voudra les nommer, qui avaient prefque
toujours les armes à la main, étaient fans
ceffe environnés d'une foule de guerriers,
dont les uns font nommés par les auteurs
latins (les feuls que nous ayons fur l'ancien
état de la germanie) *comites ou commilito-*
nes & les autres *fideles*, les fidéles, les
grands, les chefs du peuple, les plus puiffans

Seigneurs avaient auſſi de leur côté chacun
ſa petite troupe, ſon eſpéce de garde. Dans ces
tems - là l'Europe était du nord au midi en
proie aux convulſions de l'anarchie féodale,
elle était couverte de foux guerriers & cruels
qui la deſolaient avec leur valeur & leur ge-
neroſité, avec ce délire de fierté & de nobleſſe
qui a .tant de grandeur dans les Romans; le
fait eſt cependant qu'ils n'étaient autre choſe,
que des raphias couverts d'acier, des Man-
darins Montés ſur de gros chevaux qui mettaient impitoyablement à contribution quiconque avait le malheur de ſe trouver voiſin
de ces taniéres crénelées qu'ils appellaient
châteaux. Ils ſe faiſaient entr'eux la guerre
la plus acharnée, ils regardaient comme le
plus beau de leurs priviléges le pouvoir de
ravager à la tête de trente ou quarante brigands les terres d'un autre ſcélerat comme
eux, qui dans le même - tems enſanglantait
& brûlait avec une eſcorte pareille leurs propres poſſeſſions à deux lieues de là. Vouloir
leur ôter cette glorieuſe prérogative, c'était
leur faire le plus cruel des outrages. Tel était
alors l'ordre le plus conſideré de la nation,

ou plutôt celui qui feul les compofait réellement. Le refte des hommes n'était compté
pour quelque chofe, qu'autant qu'ils fervaient d'inftrument ou d'objet aux ravages des
preux. Les vilains, c'eft-à-dire, les neuf cents
nonante neuf milliémes de la totalité languif-
faient dans le plus trifte, le plus affreux de
tous les efclavages, ayant outre les miféres
innombrables de cet état, la crainte éternelle
d'être brûlés ou egorgés par les ennemis de
leurs maîtres, ou par leurs maîtres eux-mêmes:
car de part & d'autre on les maffacrait fans
ménagement. On fait qu'en Pologne encore
aujourd'hui la nobleffe a droit de vie & de
mort fur les payfans ; dans ces tems de l'anarchie féodale, ils étaient attachés à la glébe,
ferfs du fonds même qu'ils cultivaient, plutôt
que du propriétaire : de forte que d'un côté
celui-ci les traitait à peu près comme une efpéce
de bètes fauves qui garniffaient les forèts de
fon domaine, & dont-il ne faifait d'autre
ufage que d'en prendre quelque fois la peau
pour fes befoins & la chair pour fes plaifirs:
de l'autre les heros du voifinage qui le vifi-
taient le flambeau à la main, mettaient en

cendres fans pitié & les remifes & le gibier qui s'y trouvait. Ils ne lui faifaient aucun quartier, parce qu'en fe l'appropriant ils auraient été contre le droit commun, qui défendait de le déplacer, mais en l'affaffinant fur la place, ils accompliffaient dans toute fa rigueur la juftice féodale qui encourageait bien à tuer le payfan d'un autre, & ne permettait pas de le voler. Or comme de la mer Baltique à la méditerranée, il n'y avait pas un quart de lieue qui n'eut fon château, fervant de repaire à une race de loups enragés, toujours prêts à remplir les environs de meurtres & de carnage, on fent quelle devait être la fituation des moutons défarmés qui paiffaient en tremblant dans les campagnes & dont les oreilles étaient fans ceffe frappées des hurlemens de ces bêtes fanguinaires. Tout ce que pût faire la prudence éclairée de St. Louis, qui gemiffait de ces atrocités, ce fut de fixer dans l'année les jours où l'on pourrait les commettre. Dans l'impoffibilité de détruire ces dogues, ou de moderer leur fureur, il diminua les intervalles où ils auraient le droit de s'y livrer, & ne pouvant les tenir perpetuellement à la chaîne, il les y mit du moins pour une partie du tems. Les prud-hommes entretenaient neanmoins autant de guerres qu'il y avait d'arpens de terre ; mais bientôt l'on vit fe former deux puiffances qui cherchaient à écrafer toutes les autres, & à s'enrichir de leurs dépouilles ; l'une était celle des Papes, l'autre celle des Rois : toutes deux directement oppofées dans leurs vues, & dans leurs intérêts ; mais marchant cependant au même but, employant fouvent les mêmes moyens & s'accordant dans le projet de détrôner cette foule de tyrans auffi infenfés que barbares, pour fe mettre à leur place. Les premiers depuis la fin des perfécutions, avaient mis à profit toutes les circonftances favorables à leur élévation. Ils n'avaient rien oublié de ce qui leur avait paru propre à étendre aux chofes de la terre, la prééminence fpirituelle que St. Pierre avait attachée à leur fiége. Après avoir été longtems les fujets & les creatures desCéfars, ils en étaient devenus les rivaux. Ils commençaient à s'en dire les maîtres. Les clefs qu'ils avaient reçues pour ouvrir, ou pour fermer le ciel aux pécheurs, ils les employaient pour aſſûrer ou pour interdire aux Princes l'entrée de leurs royaumes, ils marchaient avec éclat à la ſouveraineté univerſelle. Ils diſaient haute- ment que la réligion n'ayant qu'un chef & devant embraſſer l'univers entier, ce chef devait être au deſſus de tout, en vertu de ſa ſupériorité dans l'égliſe, qui était évidem- ment ſupérieure elle-mème aux puiſſances ſéculiéres ; ils apuiaient par des intrigues cette maxime qui aurait pu devenir incon- teſtable par des victoires. Ils ſubjuguaient le clergé par la diſtribution des bénéfices, par les réſerves qu'ils s'attribuaient, par les dégrés qu'ils ne laiſſaient conférer qu'en leur nom, par les appels qu'ils faiſaient relever dans leur tribunal. Ils favoriſaient l'érection des ordres, & la propagation des couvens, qui étaient autant de corps avancés deſtinés à faciliter & à couvrir leurs conquêtes. Ils les fortifiaient par des immunités, des pri- viléges, dont l'avantage était bien moins pour les protégés que pour le protecteur. Ils af- faibliſſaient les prud-hommes & cette pépiniére de fouverains de toute efpèce par les croifades.

L'ESPÉRANCE de fe faire de grands établif-femens en Afie, était l'amorce avec laquelle ils tiraient de leurs forts ces hyénes dévorantes : ils leur montraient des villes que le commerce & le climat s'empreffaient d'enrichir fous la domination du croiffant. Ils les encourageaient à fe faifir de cette proye; ils faifaient de ces expeditions un moyen facile d'effacer leurs anciens péchés, quoique ce fut une occafion infaillible d'en commettre de nouveaux. Ils employaient même quelque fois les menaces pour obliger ces étranges pénitens à des courfes lointaines, auxquelles ils étaient ordinairement affez portés. Ceux-ci préferaient fans peine le plaifir d'aller piller les farrazins, riches, opulens, & infidèles, à la fatigue de harceler des chrétiens pauvres, fans induftrie & ruinés, par quatre cents ans de ravages confécutifs.

POUR gagner ces derniers dans l'intervalle de repos que procurait l'éloignement de leurs tyrans, les pontifes leur préfentaient le fantôme de la liberté. Ils en vantaient la douceur & les avantages. Et quoique ce ne fut pas d'eux immédiatement qu'on la reçût, quand les preux épuifés par les voyages d'outre - mer fe virent réduits à en faire commerce. Comme cependant c'étaient les Papes qui en avaient parlé les premiers, c'était à eux furtout qu'on en favait gré. L'idée de liberateur temporel fe joignant dans l'efprit du peuple à celle de chef de la réligion ; les Evèques de Rome fe trouvaient auffi chéris que refpectés, ils s'attachaient ainfi tous les ordres de la fociété. Ils règnaient fur les efprits avec empire ; & quoiqu'ils ne jouiffent en effet que d'un domaine très-borné, ils étaient vraiment Rois de tous les pays qui reconnaiffaient leur Eglife. Ils comptaient prefque autant de fujets que de chrétiens. Cette politique conçue & développée par les miniftres des autels ne tarda pas à fraper les yeux des féculiers. Elle fut bientôt pénétrée & adoptée par des rois qui n'avaient d'autre grandeur que leur nom, & qui fouhaitaient paffionnément de le juftifier. Ils fentirent que pour fe tirer de l'humiliation dont ne les fauvait pas la Majefté de leur titre, il fallait fe faire un appui de la multitude opprimée par les Barons. Ils fe mirent en devoir de la détacher de fes chaînes, comme un chaffeur découple fes chiens quand il fe trouve près de la bête qu'il veut lancer. Ils commencerent par donner eux-mêmes l'exemple des affranchiffemens dans leurs domaines petits, étroits, refferrés & enclavés d'une maniere fort incommode dans ceux de leurs vaffaux. Ils n'y perdaient rien: au contraire ils y gagnaient beaucoup. Ce n'était qu'avec de l'argent que s'operait la métamorphofe. On a depuis mis la nobleffe à l'encan: on n'y mettait alors que la liberté: c'était la finance, qui d'un vilain fans confidération, faifait un homme libre, & d'un cerf fans priviléges, un citoyen muni de droits refpectables. Ces hommes ainfi régénerés n'en reftaient pas moins fous le pouvoir immédiat du Roi: celui-ci n'ayant perfonne au-deffus de lui, demeurait toujours defpote abfolu dans fes poffeffions.

IL

Il n'en était pas de même dans celles des Seigneurs : ils ne voulaient point de maître : mais ils reconnaiffaient un fupérieur dans la perfonne du Roi, à qui les inftitutions féodales ne laiffaient guéres que l'apparence du pouvoir, & qui n'en avait pas même la décoration : la nouvelle jurifprudence des affranchiffemens y donna de la réalité, les Barons en relâchant leurs fiefs fe flattaient de conferver des fujets, mais il fe trompaient : ces hommes à qui ils croiaient ne vendre qu'un droit fans conféquence, en profitaient pour fe donner à un autre maî-tre : cet autre était le Suzerain par qui ils efpéraient d'être protégés contre l'ancien qu'ils venaient de quitter. Ils craignaient toujours que quelque caprice ne rendit inutile la patente qu'ils tenaient de celui-ci. Pour la faire valider ils s'adreffaient directement au Roi, qui fe hâtait de leur accorder & fouvent même de leur offrir une protection intéreffée. Il gagnait tout ce que perdaient les poffeffeurs de fiefs ; & les vilains qui payaient les nobles pour ceffer d'être leurs hommes, payaient auffi le Roi pour devenir les fiens.

CETTE impulfion politique une fois communiquée au corps de la nation, la mit toute entiere en mouvement, la manœuvre était adroite. Elle échappait au plus grand nombre de ceux contre qui elle était imaginée, la plupart groffiers, appauvris par les croifades, avides d'argent, ne voyaient dans les affranchiffemens qu'un moyen d'en gagner beaucoup. Ils fe déterminerent fans peine à faire de la liberté une marchandife qu'ils vendirent à jufte prix. Ceux qui fe d'éfiaient du piége & qui n'y voulaient pas donner volontairement, y furent amenés par force. Les Rois s'attribuerent le droit d'affranchir les ferfs de leurs vaffaux, à qui leurs maîtres refufaient une compofition raifonnable. C'était fi peu l'humanité, ou le chriftianifme qui dirigeait les démarches de ces fouverains, c'était fi bien leur intérêt perfonnel qui en était le mobile, que ceux qui ne voulaient pas de cette denrée mife par eux en crédit, on les obligeait d'en prendre par force ; on contraignait les Seigneurs d'en vendre, & les serfs d'en acheter. Louis Hutin, le plus célébre marchand de libertés qu'il y ait eu, avait grand soin de recommander à ses officiers, de faire payer de gros impôts à ceux d'entre les serfs qui ne voudraient pas être affranchis.

CET ordre seul jette le plus grand jour sur les motifs qui engageaient ce Prince & ses pareils à faciliter de toutes leurs forces le retour de la liberté. Leur politique se jouait dèslors du peuple & de ses titres. On se disputait ses dépouilles & non le droit de faire son bonheur. Aussi ne le faisait-on pas ; & ce retranchement prétendu de ses fers ; n'a servi qu'à le rendre probablement beaucoup plus misérable. De là suivit l'établissement des communes, qui a été pour les souverains chrétiens le vrai marche-pied de leurs trônes.

LA destruction de la servitude féodale est, pour ainsi dire, le cric dont l'effort lent, mais infiniment puissant, les a portés au dégré d'élévation où ils font aujourd'hui. C'eſt à ce principe auſſi actif qu'inſenſible qu'ils font redévables de toute leur grandeur actuelle ; grandeur au reſte très-imparfaite encore, malgré ſon éclat apparent : grandeur défigurée, bleſſée même par les debris de la puiſſance informe qu'ils ont abattue ; grandeur qui n'aura tout ſon effet & ſon utilité pour les peuples, encore plus que pour les Rois, que quand on aura entiérement nettoyé l'aire, & conſtruit ſur le même emplacement un nouvel édifice dont je laiſſe entrevoir le plan dans cet ouvrage. Mais revenons à notre ſujet dont ce recit nous a éloigné, rappellons nous ces premiers tems de l'anarchie féodale, où les grands, les chefs du peuple, les plus puiſſans Seigneurs avaient chacun de leur côté leurs troupes ſur pied, qui compoſaient ſi l'on veut, une eſpèce de garde. N'eſt-il pas probable que ces compagnons, ces *Commilitones*, ces fidèles ne pouvaient pas vivre de l'air, eux & leur ſerfs & qu'il leur fallait une récompenſe de leurs ſervices. L'uſage de la monnaie était inconnu alors aux germains. Il fallait donc néceffairement que les princes & les chefs leur donnaffent des portions de terres; & le droit d'employer la main des habitans qui appartenaient à ces terres, pour les cultiver, comme auffi celui d'armer ces habitans au befoin & de les employer foit à les fuivre lorfqu'ils allaient accompagner le prince à la guerre foit à fo défendre eux-mêmes, lorfqu'en vertu de la voie de fait, ils étaient attaqués dans leurs propres poffeffions, ou qu'ils voulaient tirer raifon de l'injure d'un voifin, comme je viens de le faire voir. Cette donation d'une terre s'appellait en latin *Feudum* en vieux français *fé*, felon les apparences de fidèles, & en allemand *Lehn* qui fignifie *prét*, *prêter:* d'autres prétendent que le mot fief vient de *fœdus* comme étant une alliance ou un contract entre le Seigneur & le Vaffal. D'autres encore font venir le mot fief de *fides*, à caufe de la fidélité que le Vaffal promet au Seigneur, d'où vient que les vieux livres écrivent fié au lieu de fief, pour dire ce qui a été donné en fief a été fié ou confié au Vaffal, & que le Vaffal s'appelle auſſi féal ou fidéle. D'autres enfin ſoutiennent que le mot de fief vient du mot allemand *feden* qui veut dire inimitié, parce que le Vaſſal était obligé d'épouſer les haines de ſon Seigneur & par conſéquent de l'accompagner à la guerre.

QUOIQU'IL en ſoit, les chefs des nations donnaient donc ces terres par voie de prêts aux conditions ci-deſſus énoncées, mais s'en réſervaient la ſouveraineté. Les hommes libres ou les hommes gentils qui poſſédaient ainſi ces terres, devinrent par une ſuite naturelle des choſes humaines, puiſſans; à meſure que leur puiſſance augmenta ils étendirent à leur avantage les conditions ſous leſquelles ils tenaient ces terres : & ce n'eſt proprement que dans le treizieme & le quatorzieme ſiècle qu'on trouve des traces bien marquées de la ſouveraineté ou de la ſupériorité territoriale que les vaſſaux exerçaient dans ces fiefs. Les mœurs changerent auſſi & s'adoucirent peu à peu : la forme du gouvernement fut enfin totalement renverſée de la maniére que je viens

de le décrire. Charlemagne conquit la germanie & la reduifit en province de fon empire. Les poffeffions des fiefs refterent, &
aux anciennes conditions on en ajouta de
nouvelles, qui furent toujours amplifiées à
mefure que les chofes prirent une autre
face. Les réglemens qui fe firent à cet égard
eurent force de loi, & de là eft né fucceffivement le droit féodal avec tous fes termes
thecniques, de Seigneur Suzerain, de Reffort, de Vaffal, de Félonie ce qui forme
aujourd'hui une fcience très - vafte.

Il y a une feconde efpèce de fiefs dont
l'origine eft différente, mais tout auffi naturelle que la premiere. Ce font les *feuda
oblata*, ou fiefs offerts, ou transférés. Voici en quoi ils confiftaient. Tant que le droit
du plus fort fubfifta, il eft naturel que les
plus faibles fe trouvaffent fans ceffe expofés
aux attaques des plus puiffans & fuffent
bien moins encore en état de s'en faire
rendre juftice. Ils avaient donc recours à la
protection & pour l'obtenir ils offraient à
quelque voifin, à quelque Seigneur puiffant,

ou même au prince de la nation la Suzeraineté fur leurs terres, ils lui promettaient
quelques redevances, quelques fervices,
quelques fecours au befoin, à condition
qu'il leur accorderait en revanche toute la
protection dont il était capable & les affif-
terait dans toutes les occafions où ils fe ver-
raient contraints de le réclamer, ce tranf-
port, cette aliénation de la Suzeraineté des
terres & poffeffions devint irrévocable, &
par conféquent ces fiefs offerts volontairement, prirent la même nature des autres
fiefs donnés par le Seigneur, à quelques petites modifications près.

LA réligion a eu de tout tems un puiffant pouvoir fur l'efprit des hommes, &
la réligion Catholique plus que toutes les
autres. Après que Charlemagne eut converti
les germains aux chriftianifme & que l'autorité de la hiérarchie de l'eglife Romaine fe
fut étendue en Allemagne, plufieurs de ces
fiefs tomberent au pouvoir du clergé, qui
en poffédorent quelques uns à titre de Suzerains & d'autres à titre de vaffaux. Quel-

ques poffeffeurs des terres crurent fe procurer un grand appui en offrant ces terres en fiefs à l'eglife qui était non feulement refpectée, mais tenue pour facrée dans une réligion d'ailleurs où les miniftres de l'autel font de grands Seigneurs, comme des Cardinaux, des Evèques, Prélats; il était néceffaire de les pourvoir d'une fubfiftance convenable à leur état; & les princes ou chefs des nations allemandes leur donnerent pour cet effet beaucoup de terres en fiefs, d'où font venus les *fiefs éccléfiaftiques*.

TELLE était vraifemblablement l'origine & la nature des fiefs en général, il eft furprenant que les allemands ayent pu porter ce fingulier ufage dans les Gaules & ailleurs, il eft plus furprenant encore que cet ufage n'ait pas été aboli après que l'Empereur Maximilien I. en eut éteint la fource & détruit tout le fondement par l'abolition du droit du plus fort & des voies de fait. C'eft une régle fondée fur le fens commun, que lorfqu'une caufe ceffe, tous fes effets doivent auffi ceffer. Il y a aujourd'hui des

Seigneurs Suzerains & des vaſſaux, tandis qu'il n'y a plus de guerres particulieres, & que toutes les querelles des citoyens ſont décidées par devant les tribunaux. Les ſouverains ont auſſi le droit d'employer leurs ſujets à la guerre en vertu de leur droit de ſouveraineté, droit bien autrement ſacré que celui de ſuzeraineté. Ces fiefs d'ailleurs ſont contraires à tous les autres principes de la ſaine politique ; ils forment à la lettre ce qu'on nomme *ſtatum in ſtatu*, un état intermédiaire qui ne ſignifie rien au fond, qui multiplie les êtres ſans néceſſité, **qui** donne lieu à une juriſprudence toute particuliere, qui cauſe des diſtractions dans la ſociété, qui rend les poſſeſſions incertaines & ſouvent arbitraires, qui tend des piéges & des lacets continuels aux citoyens **pour** les faire tomber ou dans la félonie, **ou** dans des petites fautes & inadvertences contre le droit féodal & pour les dépouiller **de** leurs biens à l'ombre des loix. Diſons les choſes telles qu'elles ſont, l'uſage du renouvellement des fiefs & des redevances payées à chaque cas de mort de Suzerain **ou** au Vaſſal, ou à chaque autre aliénation, prouve bien que les fiefs n'ont été originairement que par maniére de prèt ou d'emprunt; tous les ſervices perſonnels ont d'ailleurs été réduits en redevances pécuniaires & contributions. Quel beſoin y a-t-il de multiplier les contributions & de les prendre ſous tant de titres divers qui ſont autant de vexations pour le citoyen laborieux? l'état ne peut-il pas les prendre par une voie plus ſimple & plus commode? l'état n'a-t-il pas ſur toutes ſes terres & ſujets le droit de ſouveraineté? à quoi ſervent ces petites & miſérables loix, & régles de félonie. On dépouille à la faveur de ces loix une famille illuſtre de ſon patrimoine, on ruine quelques uns des meilleurs citoyens pour acquérir leur terre, ou bien on en obtient la propriété par l'extinction d'une famille noble: & n'eſt-ce pas là un beau chef-d'œuvre! on perd des ſujets qui ſont néceſſaires à la guerre, au conſeil, à la cour & à tous les premiers emplois: au lieu des ſervices qu'ils rendaient & des contributions qu'ils pourraient payer, on incorpore leurs terres au domaine & on les fait régir par les chambres de finances, fociétés les plus propres du monde pour ôter à un pays tout fon luftre & pour avilir l'œconomie rurale. Les châteaux tombent en ruine, les jardins font dévaftés, les champs abandonnés à la rapacité des amodiateurs, les troupeaux de même, les forêts font perdues ; la léfine fe montre par tout, l'induftrie, le Luxe dans l'agriculture expirent, les nouveaux établiffemens & la perfection des objets qui font une fuite de la diverfité du genie des habitans, ceffent. Enfin tout prend une allure uniforme & ftérile ; & encore un coup voilà un chef-d'œuvre admirable ! tout fouverain qui ne fe hâte point de donner les fiefs qui lui font dévolus, eft très-mal inftruit fur fes véritables intérêts. Ce que je viens de dire régarde fpécialement les princes d'Allemagne.

Il s'agit de montrer ce que font aujourd'hui les fiefs qui fubfiftent encore & quelles font les loix qui en découlent.

ON peut définir un fief, un certain bien que le propriétaire donne, ou céde à un autre, sous condition de fidélité, de certains services, ou de certaines redevances, avec la claufe qu'il ne saurait être aliéné, ni transféré par héritage à d'autres poffeffeurs à l'insçu du premier propriétaire, ou sans son consentement, & sous un renouvellement de la fidélité promise.

ON peut définir le fief par rapport au Seigneur, un droit acquis au Seigneur en vertu de l'usufruit qu'il permet à un Vaffal de prendre sur la propriété de ses biens & par lequel il peut exiger de son Vaffal la foi & des services honnêtes.

JE dis 1. que c'eft un don de bienveillance, parce que celui qui le donne n'y eft pas obligé & que c'eft un effet de fa bonne volonté.

JE dis en 2. lieu que le fief eft une chofe immobiliaire ou équivalente, parce que le fief eft une chofe immobiliaire de fa nature ou attachée à un immobiliaire qu'on donne libéralement, c'eſt-à-dire quant au domaine utile ou à l'uſufruit.

3. Je dis que le Vaſſal n'eſt obligé de rendre que des ſervices honnêtes, parce que la promeſſe d'une choſe deshonnête ſerait nulle, d'où vient qu'un Vaſſal n'eſt pas obligé de ſuivre ſon Seigneur dans une guerre injuſte.

Un fief eſt ce qu'on appelle en latin *feudum* ou *beneficium*, le propriétaire qui le donne, Seigneur Suzerain, le poſſeſſeur qui le reçoit *Vaſſal*, la promeſſe de fidélité *hommage*, la contravention à cette promeſſe *félonie*.

Le droit féodal contient donc toutes les loix; à l'obſervation deſquelles les Seigneurs Suzerains & les vaſſaux ſont aſſujettis, & qui ſervent de régle & de fondement aux déciſions dans tous les cas où il nait en-tr'eux quelque différent rélatif au fief: on ne peut diſconvenir que ce fief eſt auſſi obſcur & auſſi hériſſé de difficultés que le fond de la chofe même. Loizeau en parlant du mot de fuzeraineté dit que ce terme eft auffi étrange que cette efpèce de Seigneurie eft abfurde. Sous l'Empereur Fréderic II. un certain Hugolin compofa un livre du droit féodal d'après les us & coutumes des Lombards, & l'ajouta aux novelles de juftinien comme une dixieme collation ; ce droit Lombard fut introduit avec le droit Juftinien, d'abord dans les Academies, & en fuite par les jurifconfultes dans les tribunaux des fiefs. Mais comme il était imparfait & même défectueux en plufieurs endroits, on fe vit obligé d'avoir recours aux coutumes des allemands & d'adopter par voie de fupplément diverfes loix du droit féodal de Saxe & de Suabe. Le droit Romain & le droit canon y furent mélés fucceffivement. Tout cela a formé un compofé affez bizarre. C'eft un édifice dont le fondement eft vicieux & furanné, & dont l'élévation eft chargée d'ornemens gothiques & romains à la fois. Pour obvier à tant d'inconveniens, on partage le droit féodal en univerfel & particulier. Le premier comprend le droit Lom-

bard , & on le croit fufceptible d'une application générale à tous les pays. Le fecond regarde l'Allemagne en particulier,
mais comme les ufages varient dans les différentes provinces, & états d'Allemagne, il
faut encore fe mettre au fait de tout ce
que la coutume a introduit, & de ce qui
eft reçu dans chaque tribunal particulier
des fiefs. Les différentes chofes qui ont été
faites fur le texte du droit féodal des Lombards & des Germains n'ont fervi qu'à obf-
curcir & à embrouiller encore d'avantage
cette matière. Un célébre jurifconfulte nom-
mé Schilter a publié un *jus feudale Ale-
manicum*, rempli de bon fens & d'érudition
& M. Thomafius dans fon traité de *felectis
feudalibus* a mis au jour l'ouvrage d'un ancien auteur *de beneficiis* qui ont ruiné le
crédit des loix lombardes en Allemagne :
mais y a-t-on fubftitué quelque chofe de plus
raifonnable ? Quiconque veut faire une étude
particuliere du droit féodal, pour debrouiller
ce cahos de matières & de loix, doit chercher
les fources de ce même droit féodal, dans
l'hiftoire du droit ; il doit lire les meilleurs
au-

auteurs qui en ont traité & dont il trouvera les noms dans un ouvrage qui a pour
titre. *Erici Mauritii nomenclatorem scrip-*
torum in jus feudale. Il doit auſſi s'informer des loix, des régles & des uſages reçus dans chaque pays & dans chaque tribunal établi pour juger les cauſes féodales.

Nous allons crayonner une légére ébauche
de la connaiſſance du droit féodal, d'après
la definition que nous venons d'en donner. Il
y a des fiefs de pluſieurs ſortes. Il y a des
fiefs Royaux & des fiefs ſimples, les premiers
qui ont une dignité attachée, comme celle de
Roi, de Prince, de Duc, de Marquis & de
Comte, & les autres qui n'ont point de
dignité attachée, ce qui fait que les uns ſont
appelles titrés & les autres non titrés, on les
diviſe auſſi en fiefs propres & impropres.

Les fiefs propres ſont ceux qui ſont accordés aux conditions ordinaires de foi & hommage; & les impropres ſont ceux qui ſont
ſujets à quelques autres redevances; d'où
vient qu'on les ſubdiviſe encore en nobles &

roturiers. La rédévance à quoi certains fiefs font sujets, confiste dans le droit qu'on paye au Seigneur lorfqu'on vend quelque héritage, pour reconnaître par-là qu'on tient cet héritage de lui.

LES terres qui font exemtes de ce droit, s'appellent allodiales, ou de Franc-Aleu, parce qu'on leur a remis ce droit qu'on nomme lods & ventes.

ON demande fi un vaffal peut tenir un fief en Franc-Aleu, deforte qu'il ne doive aucune reconnaiffance.

A cette queftion je reponds, que le vaffal dans ce cas, eft toujours tenu d'avertir fon Seigneur des embûches qu'on leur dreffe, & de ne pouvoir fervir contre lui; mais il peut ne lui devoir aucun autre fervice, comme d'aller pour lui à la guerre, de lui prêter ferment de fidélité, de payer le droit de rachat, qui eft celui que paye ordinairement l'héritier à la mort du vaffal, & le droit d'inveftiture introduit par les feudiftes.

CEUX qui ont les premiers donné des héritages à foi & hommage, font les Souverains. Ceux qui ont reçu immédiatement ces
héritages du Prince s'appellaient proprement
les grands vaffaux, ou officiers du Roi ou
du royaume, & ces premiers feudataires
qui tenaient leurs biens en fief-lige, c'eft-
à-dire directement & immédiatement, avaient
différens noms felon les différentes terres
qu'ils poffedaient.

LORSQU'ILS poffedaient une province qui
avait le titre de Duché, ils s'appellaient Ducs.

SI leurs gouvernemens étaient des Com-
tés, ils s'appellaient des Comtes.

S'ILS commandaient dans un Marquifat,
c'eft-à-dire dans une Frontière, ils s'appellaient Marquis.

ET s'ils commandaient dans un certain
diftrict ou ville, ils s'appellaient Capitaines
ou Barons.

Ces grands vaſſaux ou premiers officiers, qui tenaient leurs fiefs immédiatement du Prince pouvaient en donner une partie à d'autre qui leur en rendaient foi & hommage, & ceux-ci s'appellaient Valvaſſeurs qui ne tenaient leurs biens qu'en arrière fiefs du Prince.

Les ſeconds pouvaient auſſi donner des fiefs, mais ceux qui les recevaient, d'eux relevaient immédiatement du Prince. Mais il n'y avait que ceux que le Prince donnait directement qui annobliſſaient, les autres demeuraient dans la roture: ce qui fonde la diviſion dont nous avons parlé, de fiefs nobles & non nobles & de fiefs royaux & non royaux. Le fief eſt-il perpetuel? Dans les commencemens il était revocable à volonté de celui qui le concedait. Dans la ſuite il fut concédé pour la vie, & enfin il paſſa aux enfans mâles & jamais aux filles; à moins qu'on n'en fût convenu expreſſément: en voici la raiſon, c'eſt que les fiefs n'étaient ordinairement donnés par le Prince que pour obliger ſes ſujets, à le ſervir dans la guerre,

& que les femmes étant incapables des expéditions militaires, elles ne pouvaient tenir de fiefs à cette condition.

IL y a donc des fiefs feminins auffi bien que des mafculins, comme il y en a d'Eccléfiaftiques & de Laïques, ce qui dépend de la convention & inftitution de celui qui les donne.

LES fiefs eccléfiaftiques font les terres que les eccléfiaftiques donnent en fief, quand la coutume le leur permet; ils en peuvent auffi tenir pour leurs propres perfonnes, & ils en rendent foi & hommage en mettant feulement la main fur le cœur; au lieu que les Laïques foit nobles ou roturiers mettent la main entre celles du Seigneur. Un eccléfiaftique peut prendre auffi un fief pour l'églife, mais il ne le peut faire fans la permiffion du Souverain, qu'on appelle lettres d'amortiffement. Dont voici la raifon. C'eft que l'églife ne pouvant être fujette, ni s'obliger à aucun fervice profane, il eft de l'intérêt du Seigneur que fon fief ne foit point poffédé par l'églife ou par d'autres gens qu'on appelle de main morte.

Pour ne rien laiffer d'obfcur, il ne paraîtra point indifférent d'expliquer ce qu'on entend par fief-lige : on doit entendre les fiefs qu'on tient immédiatement du Prince, par lesquels on eft comme lié à fon fervice contre toute autre perfonne : ce qui revient à l'idée de fiefs nobles ou royaux.

On fait encore d'autres divifions de fiefs : il y en a d'anciens, & de paternels, de nouveaux & de maternels.

Les anciens font à ceux qui fe trouvent dans une famille depuis quatre générations. Les paternels font ceux qui ont pris racine dans celui qui les poffède ; & les maternels ceux qui viennent du côté de la mere.

Le principal devoir des vaffaux qui tiennent fiefs, c'eft d'être prêts à marcher quand on convoque le ban & arrière-ban, ou d'y envoyer un homme propre à faire leur charge, autrement de payer une fomme à laquelle ils font condamnés.

On appelle ban & arrière-ban, la convocation de la noblefle à la guerre, le mot ban fignifiant convocation en général, & celui d'arrière-ban, convocation pour le fervice du Prince en particulier.

Le vaffal eft toujours obligé de marcher en ces occafions ou de payer ce à quoi il eft taxé, fans quoi le Seigneur pourrait mettre en fa main le fief du vaffal & faire les fruits fiens, jufqu'à l'entiére fatisfaction.

Les fiefs devinrent héréditaires en France fur la fin de la troifieme race.

La jurifdiction des feudataires s'établit par le pouvoir que le Prince leur donna d'exercer la juftice dans leur diftrict, ainfi les Ducs, Comtes, & Marquis devinrent peu à peu fi abfolus, qu'ils jugerent en dernier reffort, de là viennent les couronnes qu'ils mirent à leurs écuffons pour marque de fouveraineté ; & c'eft ce qu'on appelle haute juftice. Enfuite ils fe font déchargés fur d'autres du foin de rendre juftice: comme ils ne voulaient pas s'appliquer à tous les mêmes différens des particuliers, ils établif- faient des Lieutenans, qu'ils nommaient Vi- comtes, Prévôts, Châtelains, viguiers & fe refervaient feulement la connaiffance des grandes caufes & cette feconde juftice s'ap- pella moyenne juftice.

LA juftice qu'on nomme baffe s'établit par le pouvoir que les vicomtes, prévôts & autres Lieutenans donnerent à leur tour à d'autres officiers ; ce qui confondit les jurifdic- tions, tellement qu'entre la cour du Duc, il y avait auffi celle du prévôt, & la juftice intérieure ou baffe, qui eft celle qu'exerçaient ordinairement les Châtelains de village. Il ne faut pas confondre fief & juftice, car il y a une très-grande différence entre l'un & l'autre. Le fief eft une feigneurie privée, que celui qui le reçoit acquiert fur les chofes qu'il prend en fief, mais la juftice eft une autorité publique fur les biens & les perfonnes même du terri-

toire où elle s'étend : ce qui s'appelle jurifdiction. Ainfi la juftice peut ètre fans le fief &
le fief fans la juftice.

IL y a plufieurs marques de la haute juftice ;
l'une eft un pilori ou une échelle placée dans
le lieu où elle s'exerce avec un careau pour
attacher ceux qui ont blafphémé ou commis
d'autres crimes fujets à cette peine ; l'autre
eft un gibet qui doit toujours ètre à la cam-
pagne parce qu'anciennement, on ne faifait
jamais mourir les hommes dans les villes. Ce
gibet eft différent felon la qualité du fief fans
dignité, le gibet n'eft ordinairement que de
deux piliers ; celui de Châtelain eft de trois ;
celui de Baron, de quatre ; celui de Comte de
fix, & celui de Duc de huit ; mais cela ne
s'obferve plus fi exactement aujourd'hui. Le
cœur de VOTRE MAJESTÉ eft déchiré de
pitié de voir l'efpèce humaine croupir ainfi
dans une coupable indifférence fans s'occuper des moyens de remédier aux défordres
fans nombre, qu'entraine néceffairement
après foi la confufion des loix. N'eft-ce pas
en travaillant à les perfectionner qu'on peut

ſe flatter de diminuer la ſomme des maux qui affligent l'humanité, tarir la ſource des vices, aſſurer un bonheur durable & permanent à la ſociété. C'eſt-là Grand Prince ce qui fixe toute l'attention de VOTRE AUGUSTE MAJESTÉ, & ce doit être là le terme de vos traveaux. Que ne m'eſt-il permis de deſcendre avec vous dans tous les détails qui vous coutent tant de peines & tant de fatigues. Je m'étais propoſé de vous ſuivre dans tous les objets principaux du Gouvernement ; mais une fatale néceſſité m'impoſe la dure loi de laiſſer mon tableau imparfait. J'abandonne à des plumes plus ſavantes, plus déliées & plus exercées, le ſoin de remplir tous les vuides que j'ai laiſſés, & d'animer le coloris du tableau dont je n'ai fait que d'ébaucher très - imparfaitement les premiers délinéamens, en un mot d'expoſer dans tout ſon jour à la faible vue des mortels, le modèle le plus accompli de toutes les vertus héroiques : je ſens qu'il faudrait des traits de feu pour peindre l'enſemble de toutes celles qui caractériſent ſi bien VOTRE AUGUSTE MAJESTÉ. Je reconnais la faiblesse de mon pinceau & mon peu d'habileté pour amalgamer les couleurs.

Qu'il me soit permis d'annoncer encore une fois à l'univers étonné, qu'il n'y eut jamais sur la terre un Monarque épris d'un amour plus tendre, plus compatissant & plus sensible que vous, aux biens & aux maux que des sujets peuvent éprouver! touché de ce qui les afflige, ou les console, plein de soins & d'attention pour eux vous ne regardez que comme une partie de votre devoir l'obligation de les protéger & de les secourir. Vous considérez le sentiment intérieur de l'affection comme la partie la plus précieuse & qu'on est plus en droit d'exiger. Cet amour que vous avez pour votre peuple est si généreux & si actif, qu'aucun obstacle n'est capable de l'arrêter. L'ingratitude ne l'éteint point & le peu de mérite du peuple ne le rallentit jamais. Vous surmontez le mal par le bien: en un mot votre amour pour votre peuple s'anime & s'échaufe par la résistance; votre but est de changer les hommes en mieux & de leur être utile par

toutes fortes de voies, loin de vous régler
fur la légéreté & l'inconftance des efprits.
Vous n'êtes content que quand vous avez
réuffi, vos bonnes intentions ne pourraient
vous confoler d'un mauvais fuccès; vous
voulez des effets & non des projets & des
deffeins : fi vous confiderez ce que vous avez
executé, vous comptez pour peu ce que
vous méditez. Vous portez dans votre cœur
chaque province, chaque ville, chaque famille : tout retentit à vous, tout vous aver-
tit & vous intéreffe : une affaire générale
ne détourne point votre attention d'une autre, vous favez ét blir une correfpondance
entre toutes les parties du corps dont vous
êtes l'ame; & dès qu'il eft néceffaire qu'il
foit informé de quelque chofe, on dirait
que c'eft la feule chofe qu'il confidére : il
n'eft rien qui vous foit étranger dans la
vafte étendue de vos états, rien qui vous
foit indifférent. Le fujet le plus faible vous
eft inféparablement uni. Le pied à quelque
diftance qu'il foit de la tête eft également
précieux aux yeux de VOTRE AUGUSTE
MAJESTÉ. Vous étendez vos foins, votre

vigilance jufqu'à lui : tout ce qui eft à vos fujets auffi bien que vos fujets mêmes , font partie de tout ce qui eft confié à votre attention , à votre fenfibilité & à votre activité. L'amour qui vous unit fi étroitement avec vos fujets, ne va point par élans & faillies , mais il n'interrompt jamais fes foins & fa vigilance ; il ne coule pas comme un torrent à grand bruit pour ceffer enfuite de couler ; mais il fort d'une fource perpetuelle , plus tranquille à la vérité , mais qui ne tarit jamais : c'eft là fon caractere diftinctif ; car il ne faut pas s'imaginer qu'un prince aime véritablement fon peuple, s'il ne l'aime toujours & fans interruption ; je veux dire d'une maniére réelle , tendre , effective , univerfelle & dominante. Il eft de certaines occafions où il pourra s'agiter & fe donner des mouvemens pour le bien public, mais tout fera infructueux fans la perféverance. Pour vous , ô le meilleur des Monarques, dans tout ce que vous entreprenez, dans tout ce que vous exécutez, & dans tout ce que vous défirez, l'intérèt de votre peuple eft le feul que vous confultiez, & que vous

vous propofiez pour objet. Votre bonté &
votre amour éclatent de mille maniéres : il
n'eft aucune parole que vous ne pronon-
ciez, ni aucune action que vous exécutiez,
où l'on ne reconnaiffe le fond de votre
cœur. On fent que tout y eft vrai, &
que le bien de tous y eft caché : c'eft-là
que réfide la félicité publique, & c'eft de
là qu'elle fe répand. A ces traits caracté-
riftiques, on reconnait le héros de l'humanité, ce héros qui ne veut regner que par
la liberalité & par des bienfaits, qui conferve en tout de l'ordre, de la dignité,
qui ne prodigue pas les graces, mais qui
les diftribue, qui ne les répand pas fans
choix, qui fait les eftimer le premier &
veut auffi qu'on les eftime : fon deffein n'eft
pas de confondre les conditions, les fervices, le mérite, mais de les difcerner : il
ne veut pas affliger des perfonnes de diftinction en leur égalant celles qui n'en méritent aucune. Il veut que fes liberalités
foient des récompenfes & non de pures fa-
veurs ; il aide la vertu, & n'entrétient pas
la molle oifiveté du vice, & il regarde un

bienfait mal placé non seulement comme une perte, mais comme une faute qui retombe sur le prince, & qui marque son peu de discernement. Jamais prince ne désira avec plus d'ardeur, d'aider & de récompenser le mérite que VOTRE AUGUSTE MAJESTÉ: mais vous savez mesurer vos liberalités sur ce qui suffit à la vertu: vous observez avec scrupule de ne point répandre sur un seul homme, ce qui servirait aux besoins de plusieurs; vous ne mettez point la magnificence à élever un particulier, quoiqu'homme de bien à une haute fortune, mais à relever de la poussiere plusieurs personnes qui sont sans protection, qui cependant en sont dignes. Vous êtes uniquement occupé à mettre en honneur la probité & non à lui attirer l'envie; votre dessein est de multiplier les gens de bien, & non de les tenter & de les séduire en les mettant dans l'opulence. Vous savez que la vertu quand elle est sincere, est modeste, contente de peu, en un mot désintéressée. Vous ne craignez point d'affliger l'honnête homme, l'homme de probité, en vous bornant à son égard au seul nécessaire : vous connaissez ses sentimens & sa retenue, vous commencez à vous défier avec raison, lorsque vous découvrez dans quelqu'un plus d'avidité, ou moins de modération que vous n'aviez d'abord soupçonné. Vous diminuez alors vos bienfaits, pour faire souvenir à quelle condition vous les accordez & si cette premiere leçon est inutile vous les supprimez absolument. Vous moderez votre bonté, votre justice : vous aimez mieux donner moins aux uns, pour exiger moins des autres : ne perdant point de vue que la source des richesses, des princes peut tarir comme celles des particuliers, aussi savez vous mettre de justes bornes à vos bienfaits. Vous ne voulez pas que le public gémisse de ce qu'on le sacrifie à des particuliers, & vous croiriez deshonorer vos largesses, si elles coutaient des larmes aux pauvres. Vous ne mettez point votre gloire dans une fausse magnificence ; vous pensez moins à paraître liberal qu'à l'être en effet : vous renoncez sans peine à la réputation de bienfaisant, quand vous ne pouvez la soutenir par des

voies

voies légitimes, vous favez qu'on vous donne avant que de donner : vous comparez les fources de vos revenus avec l'ufage que vous en faites : vous craignez même que le défir d'obliger plufieurs, ne vous rende moins attentif à un devoir plus preffant & plus indifpenfable, qui eft de fe contenter du néceffaire & de le conferver à tout le monde. Quand un prince a une véritable inclination à donner, ne trouve-t-il pas mille moyens de la fatisfaire, en fe refufant à lui - même beaucoup de chofes, que les autres regardent comme néceffaires à la grandeur. Il a peu de befoins quand il eft touché de ceux des autres ; il achette peu de chofes quand il fait donner : & il en referve peu d'inutiles quand il eft bien inftruit de l'ufage qu'on en peut faire. Quel Monarque eft attentif à calculer avec une économie plus févére que Votre Majesté Impériale, ce qu'il coute à l'état ? avez-vous jamais confenti qu'on augmentât vos revenus ? combien de fois ne vous eft-il pas arrivé de retrancher de vos propres dépenfes pour diminuer le fardeau de vos fujets ?

Tome II.   G

Combien de fois n'avez-vous pas fait diminuer les impôts? Combien de fois, habitans des campagnes, votre misere n'a-t-elle pas été soulagée dans les momens les plus inattendus? Quand l'indigence vous a fait couler des pleurs, ne disiez-vous pas, hélas! si l'Empereur savait notre état, il viendrait lui-même essuyer nos larmes. Ah combien de fois vos ames simples & droites occupées de l'image de votre gracieux souverain, en vous reposant un moment sur votre charrue ne disiez-vous pas en vous attendrissant mutuellement; hélas que nous avons un bon Empereur! Dieu veuille nous le conserver longtems pour notre prospérité, & celle de nos enfans!

Quel exemple de générosité VOTRE MAJESTÉ IMPÉRIALE n'a-t-elle pas donné dans ces derniers tems? toujours attentif à ce qui se passe dans les provinces les plus éloignées, vous apprenez que la famine désole des contrées fort vastes de la domination de la plus réligieuse de toutes les Reines: aussitôt vous faites porter à la monnaye toute votre vaiffelle d'argent, vous réalifez en efpèces fur le champ les plus précieux de tous vos bijoux, & tous ces objets de luxe du plus grand prix qui demeurent cachés dans les cabinets des princes pour fervir d'aliment à une vaine curiofité. Ah que VOTRE MAJESTÉ fçut en faire incontinent un ufage plus important au bien public; les fommes immenfes que vous retirâtes de tant de monumens précieux, furent employées à procurer au pauvre la fubfiftance qui lui manquait, & on eut verfé dans le fein de l'indigence tous les fecours les plus preffans, avant que l'illuftre Reine qui vous a donné le jour, eut été inftruite du fléau qui défolait plufieurs de fes provinces; tant VOTRE MAJESTÉ IMPÉRIALE fçut ufer de diligence dans l'exécution de fes pieux deffeins; ou plutôt tant votre cœur brûle du faint amour de la patrie; cet amour, ce fentiment tendre & fublime qui fait votre principal caractere, ne devrait-il pas être dans toutes les monarchies celui de tous les princes? fouverains de la terre, n'êtez-vous pas les premiers enfans de la patrie? tous

fes facrifices, fes peines, fes fueurs, n'eft-
ce pas tout pour votre grandeur ? n'eft-ce
pas pour elle qu'elle prodigue fon fang, fes
travaux, fes richeffes ? ne font-ce pas les
peuples qui nourriffent le pere de l'état, qui
travaillent pour le fervir & qui meurent pour
le défendre. Il doit donc y avoir entre le
prince qui gouverne & les peuples qui lui
obéiffent un commerce touchant de bienfaits, de fervices, & de reconnaiffance. O
vous le meilleur des Empereurs que le ciel
a fait naître pour apprendre aux autres
princes à regner, AUGUSTE MONARQUE dont
ma faible voix ofe prôner les vertus & les
bienfaits fignalés pour votre peuple, quel
fouverain a jamais fenti plus vivement que
vous ces rapports fi doux de prince avec
fes fujets. L'Europe enfiere a les regards
fixés fur VOTRE MAJESTÉ ; elle eft uniquement occupée du foin de contempler le
tableau de vos grandes qualités, vos lumieres pour juger, votre activité pour agir,
votre circonfpection pour douter, cette ener-
gie de l'ame pour vouloir, le genie de l'a-
venir, la fcience du moment, la fureté du

coup d'œil, cette humanité qui met le prince à la place du sujet, cette économie qui calcule le sang & les larmes de ses sujets; cet empire de soi-même qui tient l'ame en équilibre avec tous ce qui est au dehors, ce noble orgueil de la conscience qui s'indigne des fausses louanges des esclaves, enfin ce despotisme heureux de la vertu qui veut commander seule & sans partage, sous l'empire des loix pour arracher les peuples à l'empire des tyrans subalternes : non, il n'y eut jamais Monarque qui sçut réunir à un si haut dégré de perfection l'ensemble de toutes les qualités éminentes qui conspirent à l'envi, à orner & embellir l'Auguste tableau de Votre Majesté impériale toute rayonnante de gloire.

Grand Prince, vive image des Tites, des Marc Aurele, des Alexandre Severe, des Antonins; votre ame sensible éprouvera de nouvelles émotions au recit simple & naturel du trait que je vais rapporter dans la plus exacte vérité. Mortels qui lirez ce petit ouvrage qui vous invite à rendre hommage au meilleur des Empereurs qui ait existé. Repréfentez - vous cet AUGUSTE MO-NARQUE recevoir avec bonté & des témoignages de reconnaiffance une couronne que lui préfentaient de fimples villageois, fur laquelle on lifait en langue du pays; *au meilleur des princes, au plus pacifique des Monarques, à notre très-bon Empereur, uniquement occupé du foin de nous rendre heureux.* Avec quelle complaifance & quelle douce fatisfaction, on vit VOTRE MAJESTÉ IMPÉRIALE agréer un monument auffi précieux de l'affection, de la bienveillance, de la fidélité & de la reconnaiffance de fon peuple. Quelle impreffion ne fit p s fur votre cœur un témoignage fi éclatant de l'amour de ces pauvres villageois, dont l'exemple a été bientôt fuivi de toutes les villes & de toutes les provinces qui fe font réunies pour déferer à leur Monarque le titre de *très-bon Empereur.* AUGUSTE MONARQUE, quelle ne fut pas votre joie de voir un village où l'on trouvait l'abondance de toutes les chofes néceffaires, des campagnes riantes cultivées avec foin & avec une induftrie particuliere? avec quelle fatisfaction VOTRE MAJESTÉ fe plaifait à vifiter toutes les maifons de ce hameau, avec quelle douceur vous preniez plaifir de parler à tous ces pauvres ruftres, avec quelle bonté vous animiez leur efpoir, vous encouragiez leurs traveaux? tout annonçait la paix & la concorde dans les familles; ô fujets fidèles & laborieux dont le cœur ne fut jamais corrompu par le luxe, ah que vous fûtes divinement infpirés d'offrir à VOTRE AUGUSTE MONARQUE pour monument authentique de vos hommages & de votre foumiffion une couronne fur laquelle on lifait en gros caractere, *à notre très-bon Empereur uniquement occupé du foin de nous rendre heureux.* Pouviez-vous mieux faire éclater votre zèle, & votre affection pour le meilleur des Monarques, quand on vous apprit qu'un heureux hazard l'avait conduit dans vos contrées. Qu'il eft honorable & glorieux pour de fimples agriculteurs d'avoir été les premiers interprétes des fentimens de toute une nation, d'avoir prévenu la nobleffe, le fénat comme le refte du peuple dans une démarche que tout le monde méditait depuis longtems : c'eſt ici l'expreſſion de toutes les volontés qui doit être d'autant plus précieuſe au cœur ſenſible de VOTRE MAJESTÉ IMPÉRIALE, que rien n'a été concerté ni prémédité : des gens groſſiers ont donné les premiers le ſignal en vous ſuppliant d'agréer le ſurnom de *très-bon Empereur*, & auſſitôt tout le monde indiſtinctement, grands & petits ont ratifié leur jugement : ce n'a plus été qu'une voix unanime lorſqu'on s'eſt empreſſé d'ajouter à tous vos autres titres celui de *très - bon Empereur*, , comme un titre au - deſſus de tous les autres. Car être Empereur, Céſar, être Auguſte c'eſt infiniment moins que d'être *meilleur* que tous les Empereurs, tous les Céſars & tous les Auguſtes qui ayent jamais éxiſté. Ce titre fait d'autant plus d'honneur à VOTRE MAJESTÉ IMPÉRIALE, que vous n'ètes pas moins le plus grand que le meilleur de tous les princes. Autre fois la frugalité déſignait les Piſons, la ſageſſe Lélius, la piété les Métellus : mais toutes ces différentes vertus ſont renfermées dans le nom de *très-bon ;* car nul

ne peut être eftimé *très - bon*, s'il n'eft en
tout genre de vertu au - deffus de ceux qui
ont excellé dans chacune. Comme nous n'en-
tendons point prononcer le nom *d'Augufte*,
fans fonger auffitôt à celui qui a été dé-
coré de ce titre: de même le nom de *très-
bon*, ne frappera plus les oreilles des hommes, fans leur rappeller fur le champ votre
idée; & toutes les fois que la poftérité fera obligée de nommer quelqu'un *très-bon*,
elle fe fouviendra de Votre Augufte Majesté: que tous les fouverains qui viendront après vous l'ufurpent, s'ils veulent,
on reconnaîtra toujours qu'il vous appar-
tint en propre. On flatait fouvent les Empereurs romains en leur donnant les titres
faftueux *de grand Augufte*, *de vainqueur* des
nations & d'autres de cette nature ; mais
on était perfuadé qu'on leur donnait quelque chofe de plus en leur accordant le nom
de pere de la patrie & du peuple ; en effet
ce nom quand on le mérite eft une récompenfe & quand on ne le mérite pas devient
un reproche. Les mauvais princes efpéraient
que ce nom fervirait de voile à leur injuf-

tice & ils le défiraient. Les bons craignaient qu'il ne fût au - deffus de leurs fervices, & ils attendaient pour l'accepter avec bienféance que leur conduite eut prouvé qu'ils n'en étaient pas indignes Pour vous ô *tres - bon Empereur*, tout le monde ne fe ferait pas accordé à vous donner le nom de *tres-bon*, fi vous ne l'aviez pas mérité. Quel plaifir, quelle joie, pour la plus réligieufe de toutes les reines de qui vous avez reçu le jour, d'avoir un fi digne fils pour lui fuccéder un jour, qui a déja mérité d'être furnommé le *très - bon Empereur* & l'eft en effet. Mais comment pourrait-il fe faire qu'un Monarque qui aime tant l'humanité, qui eft fi attaché à fes devoirs, qui chérit fi tendrement fes peuples, qui n'eft occupé que du foin de les rendre heureux, comment un tel Empereur fi digne de l'être, ne mériterait-il pas le furnom de *très-bon*. VOTRE MAJESTÉ eft moins occupée de fe faire honneur d'un titre auffi flateur pour un Monarque, que d'en juftifier l'application; parce que vous fçavez que votre mérite en dépend, & qu'un prince n'eft digne de regner fur les hommes qu'autant qu'il travaille à s'en faire aimer. S'il eft des Monarques qui confentent à n'être point aimés, pourvu qu'ils foient craints, c'eft qu'ils ont fubftitué la force au mérite & ne pouvant être rois qu'à demi, ils ont laiffé l'intérieur comme trop difficile & comme devant être acheté trop chèrement; ils fe font contentés des dehors qu'ils pouvaient conferver par des moyens extérieurs fans fe mettre en peine de les mériter. Ils ont compté fur la fidélité de leurs fujets & beaucoup fur les moyens de les tenir en bride & de les réduire, ils entretiennent des armées, autant pour s'affurer eux - mêmes que pour défendre l'état, & ils ont regardé leurs places fortes non feulement comme une barriere contre leurs voifins, mais comme une enceinte redoutable à leurs fujets. Mais pour fe fier à des troupes entretenues; à des places fortes, à des gouverneurs, ne faut - il pas les intéreffer à fa fureté? n'était-il pas plus naturel de gagner le cœur de fon peuple & de s'attacher étroitement fes fujets. La feule barriere infurmontable qui garantiffe les princes & les met à l'abri de toutes revolutions, n'eſt-ce pas l'amour des peuples? rien n'échappe à ſa vigilance & à ſon activité, il eſt trop intéreſſé à la conſervation de ſon prince pour qu'il ne prenne pas toutes les précautions poſſibles pour l'aſſurer ſur ſon trône. Mais hélas! les princes qui ſont aſſez malheureux pour ſe contenter d'être craints, ne ſavent pas à quoi ils s'expoſent eux & leur état en ébranlant l'unique appui de la ſociété & en ôtant à la ſouveraine autorité le principal motif qui y attache les peuples. Ah! qu'il ſerait utile à ces princes d'apprendre comme l'on murmure contre eux en ſecret, & ſouvent en public; dont le regne paraît long, & dont le ſucceſſeur eſt attendu, dont le gouvernement eſt regardé comme une punition de la juſtice divine & dont les diſgraces quoiqu'elles intéreſſent le public, ne touchent preſque perſonne. Pour vous, ô le meilleur des Monarques, avec quelle joie, quel raviſſement, quelles acclamations tout le monde vous voit, vous adore & s'occupe de vous! le reſpect qu'on a pour VOTRE MAJESTÉ

IMPÉRIALE eft profond, univerfel, quoique diverfifié felon les caracteres de ceux qui en font pénétrés; vous êtes dans le cœur & dans la bouche de tout le monde : c'eft là le premier fruit & la plus légitime récompenfe de votre amour pour votre peuple : ô le meilleur des fouverains de la terre, vous êtes fincérement & univerfellement aimé parce que vous ne favez pas aimer autrement. Voilà pourquoi on vous comble de bénédictions en fecret & en public, parce que vous ne penfez qu'à faire du bien, vous êtes revéré comme le tuteur, le défenfeur, le protecteur de tous, parce que vous avez toutes les difpofitions attachées à ces qualités; vous êtes placé dans le cœur de tous, parce que tous font perfuadés qu'ils font dans le vôtre. Comment ne fe ferait-on pas hâté d'ajouter à tous vos *titres* celui de *très-bon?* fi vous êtes fi étroitement attaché à vos fujets, fi vous aimez fi tendrement votre peuple, ne goutez-vous pas auffi à longs traits le plaifir indicible d'être aimé de toute une nation, de tout un peuple, & d'être chéri également des grands comme

des petits. Quelle joie fécréte ne fentez-
vous pas de n'avoir befoin de gardes que
pour la bienféance & l'éclat extérieur de
VOTRE MAJESTÉ IMPÉRIALE; parce que
vous vivez au milieu de votre famille, &
que vous ne voyez par tout que vos enfans dans la perfonne de vos fujets, vous
n'y voyez que vos amis; vous ne marchez
que dans un pays confié à vos foins & à
votre bonté, où tout retentit de vos louanges; par tout où vous paffez, vous y découvrez chaque jour de nouvelles marques
de votre application; vous remarquez le fuccès des ordres que vous donnez & par tout
vous laiffez des traces d'un cœur généreux
& bienfaifant. Qu'il eft doux pour un Monarque de pouvoir s'enfoncer dans un bois,
dormir fous un arbre, & vivre tranquille
au milieu de fon peuple fans avoir à re-
douter ni le fer d'un affaffin, ni le glaive
d'un vengeur. Pour vous, le meilleur des
Monarques, n'êtez - vous point le feul Prince
dans toute l'Europe qui puiffiez vous flatter
d'un femblable privilége; cela feul ne fuffit-
il pas pour faire votre éloge. Quelle crainte

n'a-t-on pas de vous perdre? de quelle ardeur ne brûle-t-on pas de tout employer pour votre défenfe? à quels tranfports de joïe ne fe livre-t-on pas de tous côtés? Quelle reconnaiffance ne fait-on pas éclatter dans les hamàux comme dans les villes, dans les provinces comme dans la capitale? On ne ceffe de benir votre Augufte nom & d'adreffer continuellement au ciel les vœux les plus ardens pour votre précieufe confervation. On ne s'inquiéte que pour vous : tous vos fujets font prêts à faire le facrifice de leur liberté & de leur vie pour VOTRE MAJESTÉ IMPÉRIALE , parce qu'ils favent que vous les aimez tous, & il n'y a que l'amour qui foit un lien fincere & durable entre un prince & fes fujets, tout le refte n'eft que diffimulation politique & intérèt. Sans l'amour tous les foins d'un prince ne font que fuperficiels , le bien public devient à fon égard une chimrere, il fe confidére feul dans ce qu'il paraît faire pour le bonheur de fes fujets; ils favent bien qu'ils ont un maître & non un roi digne d'ètre appellé leur pere; ils n'ignorent pas qu'il est prêt à tout sacrifier à ses volontés, & à ses caprices, qu'il sépare absolument son intérêt de celui de ses sujets; souvent même il lui arrivera de les regarder comme opposés; il n'y a que l'amour qu'un prince a pour ses sujets, qui puisse lui inspirer des sentimens plus nobles & plus généreux, qui lui découvre ses devoirs, qui l'y rend attentif, qui lui en facilite l'exécution, qui lui donne une forte inclination pour tout, qui le garantisse de toute injustice & qui lui inspire des sentimens dignes de l'attention & de la confiance sur lesquelles on puisse se reposer. Pour vous GRAND PRINCE, le meilleur des Monarques, cet amour pour votre peuple, cet amour tendre, vigilant, actif & dominant dans VOTRE MAJESTÉ IMPÉRIALE, cet amour qui vous rend si attentif à soigner les intérêts de vos sujets, & à opérer leur bonheur, cet amour dis-je qui vous a mérité l'Auguste surnom de *très-bon Empereur*, c'est ce qui a fixé jusqu'ici l'attention du sage, & l'admiration de l'Europe entiere.

QUAND

QUAND un prince a pour son peuple un amour aussi réel & aussi tendre que celui d'un bon pere pour sa famille, on peut dire qu'il a accompli tous ses devoirs, parce qu'il ne faut point de préceptes à l'amour, puisqu'il est l'accomplissement de tous ; il lui est permis de faire tout ce qu'il voudra, parcequ'il ne saurait faire que bien, parce qu'étant plein du desir de rendre heureux ses sujets, il est uniquement occupé du soin de parvenir à son but ; c'est en faisant la fonction de juge dans la paix, & de général dans la guerre qu'il s'empresse de satisfaire l'impatience de ses désirs ; c'est ce qu'entendait aussi le peuple d'Israël lorsqu'il demandait un Roi à Samuel. (*) „ Nous aurons un Roi, dit le peuple, & nous ferons „ en celà semblables aux autres nations ; „ notre Roi nous jugera & il marchera à „ notre tête, & ce sera lui qui combattra „ pour nous quand nous ferons en guerre.

____

(*) Rex erit super nos, & erimus nos quoque sicut omnes gentes, & judicabit nos Rex noster, & egredietur ante nos, & pugnabit bella nostra pro nobis.

Si les Rois ont été établis fur la terre pour être les juges & les arbitres de leurs peuples, ils ne font pas moins tenus de s'expofer pour l'état qui eft leur famille & leur troupeau, & d'être préparés à facrifier leur vie pour la liberté publique.

Quel Monarque fur la terre fut plus attentif & plus fcrupuleux que Votre Majesté Impériale à remplir ces deux importans devoirs dans toute leur étendue ? La juftice eft le premier devoir des fouverains ; ce n'eft que par occafion qu'ils ont des ennemis à combattre. Leur fonction effentielle eft de gouverner équitablement leurs fujets, en défendant les faibles contre l'oppreffion des plus forts, en fixant les prétentions & faifant rendre à chacun ce qui lui appartient. Auffi les rois furent-ils longtems eux-mêmes les juges des peuples, ils partageaient leur application entre la conduite de l'état & le repos des particuliers. Mais depuis que l'efprit d'intérêt, de fraude, de divifion, à défiguré la face du monde, & multiplié les différens, les princes ont

été obligés d'appeller les fages à leurs fecours. Le monde ferait une image de la paix
& de la félicité dont les bienheureux jouiffent dans le ciel, fi l'ordre y était exactement obfervé. Mais les ténébres qui nous
environnent, & les paffions qui nous agitent
font des obftacles formels à la connaiffance
& à l'amour de l'ordre. Quoique ces véri-
tés foient effrayantes, elles ne doivent point
porter un prince à fe décharger fur un autre du foin de rendre juftice. C'eft un devoir perfonnel auquel il ne peut commettre. C'eft à lui feul & non à un autre que
l'état eft confié : C'eft à lui feul que Dieu
a mis le glaive à la main pour intimider,
ou pour punir. C'eft lui qui eft fon miniftre pour exécuter fes volontés, & pour
protéger la juftice & l'innocence, c'eft lui
qu'il a établi juge fur fon peuple & c'eft à
lui feul qu'il a communiqué fon pouvoir
fur les biens, la liberté & la vie de tous
ceux qu'il lui a foumis. Ce ferait donc ne
vouloir regner que par les autres que de
confentir à ne juger que par eux : & ce ferait ne retenir que le nom de roi, que de

ne rendre la juftice que par des commiffaires.
Il eft jufte que le prince foit aidé dans cette
augufte fonction, comme il l'eft dans les
autres. Mais être aidé, n'eft point être dépouillé. Il demeure juge comme il demeure
roi. Il communique fon autorité, mais fans
quitter fa place, ni fans la partager. On
juge fous lui & par fon ordre : mais les
bras qu'il veut bien s'affocier, ne peuvent
tenir lieu de la tête. L'œil du maître ne fe
remplace point. Les enfans ne font bien
confiés qu'à leur pere. Si l'infirmité humaine
n'était pas un obftacle invincible à votre zéle,
AUGUSTE MONARQUE, vous feriez préfent à
tout, vous prendriez connaiffance de tout.
Mais la diftance des lieux, les affaires fans
nombre, le terme court des journées de la
vie, l'obligation de préferer des foins plus
importans à d'autres moins néceffaires, obligent VOTRE MAJESTÉ IMPÉRIALE à fe
multiplier, en communiquant une partie de
fon pouvoir à des juges inférieurs ; & à
profiter du confeil qui fut donné à Moyfe,
de ne pas s'accabler par un détail immenfe,
ou d'autres pouvaient réuffir auffi bien que

lui, & de se réserver pour des choses qui avaient besoin de sa lumiére & de son autorité. Convaincu qu'un prince qui n'a pas soin de remplir les premieres places de la magistrature, d'hommes savans, judicieux, intègres, se rend coupable de toutes les injustices & de tous les désordres que peuvent causer les passions, ou l'ignorance, vous êtes attentif à n'appeller que des sages à votre secours & à les associer à vos fonctions. Vous fondez votre plus sol de grandeur sur l'amour de la justice; vous tournez toute votre attention & votre vigilance à examiner les esprits, à les apprecier, à discerner les talens, à connaître les caractères & les mœurs; vous placez chacun selon son mérite, & selon le dégré d'utilité, qui en peut résulter pour le public. Mais vous ne vous bornez pas à bien choisir, vous redoutez encore l'inconstance de l'esprit humain, vous veillez soigneusement sur la conduite de ceux que vous avez mis en place, prêt à punir l'iniquité si vos yeux perçans, à la clarté desquels rien ne peut échapper, découvrent quelques taches même dans le redoutable

H 3

fanctuaire de la juftice. Mais qu'il eft difficile que dans un grand royaume il n'échappe
quelque chofe à la connaiffance du prince
le plus attentif : le fage ne laiffe pas de
dire, qu'un roi affis fur fon trône, & con-
fidérant de-là tous fes fujets, pour rendre
juftice à tous, diffipe par fon feul regard
tout le mal. C'eft-à-dire que par la reputa-
tion qu'il s'eft acquife de vouloir être informé de tout, & de l'être en effet, &
par les preuves qu'il a données qu'aucune
injuftice, de quelque genre qu'elle foit &
de quelque protection qu'elle foit appuyée,
ne demeure jamais impunie, il écarte tous
les mauvais deffeins & rend inutile tout ce
qu'on entreprend contre la juftice. Ce n'eft
pas feulement fur les magiftrats & fur les
tribunaux que VOTRE MAJESTÉ IMPÉRIALE
fixe fes regards, ils s'étendent à tous ceux
qui ont quelqu'autorité ; gouverneurs de
provinces ou de places, intendans, officiers
de guerre, adminiftrateurs des finances, re-
ceveurs publics : vos regards vont même
chercher les particuliers, dont aucun ne
peut fe fouftraire aux loix par fon bien,

ou par fon crédit, & de quelque côté que
vienne l'injuftice, on ne peut la cacher à
VOTRE MAJESTÉ, & auffitôt vous y appor-
tez un prompt remède; vous ordonnez que
le châtiment en retombe non feulement fur
fon premier auteur, mais auffi fur le juge
qui l'a diffimulée. Par cette infpection générale VOTRE MAJESTÉ tient tout dans le
devoir; vous remediez à tout.

Mais la bonté & la clémence qui font des
vertus fi dignes d'un Prince, l'expofent quelque fois à de nouveaux dangers s'il les écoute
au préjudice de la juftice. Ces vertus font
propres à modérer la rigueur & la févérité,
mais elles ne donnent pas le courage & quelque fois il en eft befoin. (*) N'entreprenez
point d'être juge, dit le St. Efprit; fi vous
n'avez affez de courage & de force pour pénétrer & pour enfoncer tous les remparts
de l'iniquité: avant que le regne d'un Prince
foit bien affermi, l'injuftice peut trouver

____

(*) Noli quærere fieri judex, nifi valeas virtute irrum-
pere in æquitate tua.

de puiſſans protecteurs. Une timide politique conſeille de diſſimuler ; & la ſageſſe le conſeille auſſi quand on ne ferait qu'aigrir le mal : mais il ne faut pas donner le nom de prudence à la molleſſe, ou à une compaſſion mal entendue qui épargne l'injuſte & lui ſacrifie le public. Un exemple de fermeté, dans une occaſion où elle eſt néceſſaire, fait qu'il n'en eſt plus beſoin, on prévient les deſordres, en puniſſant les premiers ; & l'on s'expoſe au contraire à revenir ſouvent aux châtimens, en ſuivant une conduite incertaine & irreſolue, où la molleſſe & la ſévérité paraiſſent ſucceſſivement, & ſe combattent au lieu de s'unir. Voilà pour-quoi VOTRE MAJESTÉ eſt inexorable dans les occaſions où le public attend de vous une invincible fermeté. Vous ne ſouffrez ni con-cuſſions, ni violences. Vous n'accordez jamais la grace aux crimes également lâches & noirs, tels que l'aſſaſſinat & l'empoiſonne-ment. Vous avez pitié du peuple & non de ceux qui l'oppriment. Vous êtes plein de compaſſion pour le faible, pour le pauvre, pour l'innocent, & non pour celui qui s'en eſt rendu indigne en devenant injuſte. Mais

en evitant une extrêmité, un Prince peut
fe jetter dans une autre, c'eft-à-dire fe porter
à la rigueur de peur de tomber dans la
molleffe. Toutes les paffions rendent injufte,
même le zèle pour la juftice quand il eft exceffif & qu'il dégenère en amertume. A force
de vouloir tout découvrir & tout punir, en
convertit les fimples foupçons en preuves &
l'on fe met en danger de punir l'innocent.
Auffi VOTRE MAJESTÉ fe contente-t-elle de
ce qui eft évident & ne va jamais au de-là.
Le défir de déterrer les crimes & de donner
des preuves de févérité, forme des préjugés
& ne convient point à un Prince équitable &
humain qui ne fe porte au châtiment qu'à
regret & qui fouhaiterait de n'y être jamais
forcé : c'eft pour cette raifon qu'on ne vous
voit point affecter d'employer toute votre
autorité, où celle des loix fuffit.

Encore moins verra-t-on fous votre regne
comme dans d'autres royaumes, des ordres
aveugles émanés du trône, aller porter le
trouble où l'œil du Souverain n'a jamais pu
pénétrer. Vous ne déployez tout votre pou-

voir, que dans les occafions où tout autre
moyen ferait inutile. Vous laiffez aux tribunaux toute la liberté & toute l'autorité néceffaires pour terminer les affaires qui doivent y être
jugées. Vous n'en évoquez aucune à votre
tribunal fuprême que pour des raifons importantes & pour le bien même de la juftice.
Vous ne fufpendez la conclufion d'aucune
que pour de femblables vues. Vous vous
appliquez particulierement à maintenir l'ordre & la regle, à conferver les anciens ufages, à faire que chaque jurifdiction jouiffe
de fes droits & priviléges. Ennemi des nou-
veautés & des changemens, vous ordonnez
que tout foit examiné par plufieurs & felon
les formes ordinaires, perfuadé que tout
ce qui fe traite devant peu de perfonnes
& d'une maniere moins publique & moins
folemnelle, eft plus expofé à l'injuftice.
Vous n'accordez qu'avec peine & fur de
preffans motifs des lettres d'état pour arrèter
des procès commencés, dont les délais portent fouvent de grands préjudices à l'une
des parties & dont le Prince fe rend refponfable, quand il les accorde légérement; votre

but en toutes chofes eft de faire obferver les loix, de rendre les exceptions très-rares, de foumettre tout le monde au droit public, d'empêcher que les graces & les privileges ne prennent la place de la juftice & que l'égalité qui lui eft effentielle ne foit alterée fous divers prétextes. C'eft par néceffité que le Prince fe décharge fur des juges inférieurs, de l'obligation où il eft de rendre la juftice : mais cette néceffité devient pour lui un nouveau devoir & d'une grande étendue; car en lui permettant de fe faire aider, elle l'oblige à choifir fes coadjuteurs, & elle multiplie ainfi les dangers en partageant fon travail. C'eft à lui feul que la juftice a été confiée : il n'y a dans fes états aucun autre pouvoir de la rendre que celui qu'il communique; c'eft donc à lui d'examiner entre les mains de qui il remet une partie de ce précieux depôt : il doit connaître fi ceux qu'il place fi près du trône méritent de partager avec lui la fouveraineté, s'ils font dignes de devenir par lui les maîtres de la vie & des biens de leurs égaux, s'ils uferont bien

de l'epée que Dieu n'a voulu confier immédiatement qu'à lui seul.

SANS ce difcernement il avilirait ce qu'il
y a de plus grand, de plus Augufte dans la
royauté & il diffiperait fans lumiere & fans
choix, ce qui ne peut entrer en comparaifon
avec aucun bien temporel. N'y aurait-il pas
d'ailleurs une injuftice manifefte à foumettre
des hommes fages, prudens, vertueux, à des
juges qui leur feraient inferieurs en tout; ce
defordre n'eft-il pas condamné & hautement
reprouvé par la loi naturelle. N'eft-ce pas à
la raifon que l'autorité doit être accordée;
quiconque eft élevé au deffus des autres a dû
l'être auparavant par le mérite. Le Prince
eft donc refponfable de toutes les fautes qu'une
conduite contraire ne manque jamais d'avoir;
toutes les fautes de ceux qu'il met en place
lui font imputées, il a bien voulu s'en charger
dès qu'il a confié fon pouvoir à des hommes
qui en abuferaient. Tout le bien qu'un meilleur choix eut produit, lui fera reproché &
tout le mal qui fuivra un choix imprudent &
téméraire fera fur fon compte; c'eft pour

eviter ce malheur que VOTRE MAJESTÉ IM-
PÉRIALE tâche de parvenir jufqu'à ceux que
Dieu deftine évidemment aux emplois, &
à qui il a donné les qualités néceffaires pour
les remplir. Jaloux de rendre la juftice la
plus exacte, vous vous gardez bien d'en
confier le miniftère à des hommes qui n'auraient pas les mêmes fentimens que vous;
vous défirez de leur communiquer votre zèle,
votre attention, votre défintereffement, vos
lumieres, avant que de leur communiquer
votre pouvoir. Vous cherchez à vous multiplier & non à vous décharger feulement, vous
voudriez qu'il vous fut poffible de faire paffer
votre efprit dans tous ceux que vous affociez
à votre autorité. Loin de craindre un mérite
éclatant, & de le tenir dans l'obfcurité, vous
cherchez tout ce qu'il y a de plus grand; &
de plus élevé, pour le mettre dans des places
éminentes. Vous n'écoutez point les confeils
de ceux qui penfent que cette conduite peut
diminuer votre autorité, & que c'eft agir
avec plus de prudence en évitant d'unir dans
une même perfonne un grand pouvoir à de
grandes qualités. Vous repondez avec la même

générofité que Moyfe, à qui on voulait infpirer de la jaloufie par les mêmes motifs:
„ plût à Dieu que tout le peuple reçut l'efprit
„ de prophétie & que le vrai merite fut très.
„ commun. C'eft le bien du peuple & non ma
„ gloire que je défire; & je ne la fais pas con-
„ fifter dans l'abaiffement des autres. Mais
combien n'eft-il pas difficile de donner à un
état des magiftrats dignes de lui; pour n'être
pas trompé dans votre choix, vous exigez les
qualités fuivantes dans ceux que vous voulez
élever aux emplois, & nommer aux charges.

La premiere qualité eft la capacité; en effet,
ne faut-il pas favoir avant que de juger, ne
faut-il pas être plein de maximes, avoir medité
fur la loi & l'avoir comparée avec elle-même,
& avec les actions des hommes. Le tems
de s'inftruire ferait-il donc celui où l'on doit
décider? Le bon fens dont tout le monde fe
flatte eft plus rare qu'on ne penfe, d'ailleurs,
apprend-il ce qui eft de l'inftitution des hommes? Ne s'expofe-t-on pas très-fouvent à juger
au hazard, quand on n'eft pas verfé dans le
droit. On doute, où il ne faut pas douter;

on trouve de la difficulté, où, fi l'on était plus inftruit, on n'en verrait aucune. On retarde ainfi le jugement des affaires, en demandant qu'elles foient plus examinées : ou par un défaut contraire, on prononce témerairement fur des chofes qui auraient befoin d'être éclaircies ; ou fi l'on a quelque modeftie, on fe contente de fuivre les avis des autres, fans être capable d'en difcerner la juftice, ou de les rectifier s'ils s'en écartent.

A la capacité & à la lumiere Votre Majesté impériale veut qu'on joigne l'intégrité : car fans elle, on eft fon propre juge, & l'on fe condamne foi même, en ne fuivant pas ce qu'on connaît ; on étudie également le pour & le contre pour s'en fervir au befoin : on tâche de convertir les queftions les plus nettes en problèmes, & de trouver dans les parties oppofées une vraifemblance qui mette la confcience en repos : on altére la fimplicité des loix par des interprétations fubtiles, qui en éludent l'effet ; & l'on fe croit habile, parce qu'on n'eft arrêté par aucun inconvenient, & qu'on eft toujours préparé à fer-

vir utilement fes amis, & les perfonnes puif-
fantes, par une grande fécondité, à trouver
des ménagemens & des tempéramens qui éner-
vent toute la force du droit. L'intégrité eft
ennemie de toutes foupleffes, elle ne connaît
qu'un chemin, comme elle n'a qu'un but.
Elle penfe à fon devoir & point aux perfonnes; & elle s'attache à l'efprit de la loi
qui eft l'expreffion de toutes les volontés, à
la quelle perfonne ne peut fe fouftraire, loin
de chercher dans la lettre de la loi de quoi
affaiblir l'effet qui en doit naturellement
réfulter.

MAIS l'intégrité tire toute fa force & fa
vigueur, du zèle de la juftice, fans ce zèle
un juge pourra bien faire fon devoir, mais
il le fera mollement; il voit l'iniquité, fans
en être ému; il dit ce qu'il faut, mais fans
lui donner le poids & la force que mérite
la vérité: au lieu que, lorfqu'il a du zèle &
de l'ardeur pour la juftice, il eft attentif à
tout ce qui peut la faire connaître: il em-
ploie tout ce qui peut la défendre; il s'afflige amèrement quand elle eft abandonnée.

Du

Du zèle résulte la fermeté : car le zèle est un amour ardent ; & l'amour a du courage, à proportion de son ardeur. Il affermit le cœur où il domine, contre les sollicitations, les insinuations, les espérances, les craintes, les menaces, les dangers, les dernieres extrémités. Il résiste au torrent, & au mauvais exemple : il ne s'occupe point des inconveniens, mais de son obligation ; il est respectueux mais invincible. Tels sont les caracteres admirables qui ont frappé d'étonnement l'Europe entiere dans les dernieres disgraces des Parlemens de France ; en périssant ils se font couverts d'une gloire immortelle qui passera sans altération à la postérité la plus réculée.

Le fondement d'une telle fermeté est le désintéressement ; non celui qui se borne à refuser les présens, à ne pas aimer les richesses, à ne pas craindre la pauvreté ; quoique celui-là même soit infiniment rare ; mais un désintéressement universel, qui méprise l'ambition ; la faveur, la gloire humaine, le désir même d'être applaudi dans sa fermeté ; qui fe réuniffe dans un feul objet, qui eft la juftice; & qui furmonte par la crainte de s'en écarter, toutes les efpérances & toutes les craintes humaines. C'était-là le caractère diftinctif des anciens parlemens de France qui les a rendus jufqu'à l'époque de leur anéantiffement (*) fi refpectables aux yeux de l'univers étonné. On fe flatte de ces fentimens hors de l'occafion, mais il faut avoir été mis à l'épreuve pour voir fi en effet on a une ame affez magnanime pour braver toutes les menaces & les craintes d'un defpote aveugle & inflexible, & fi l'on fe fent affez de courage . & de conftance pour éprouver les coups redoublés d'un tonnerre foudroyant. Ames faibles & pufillanimes, le moindre intérèt découvre le fond de votre cœur, les moindres périls vous allarment, l'amour de la juftice difparaît de vos cœurs, parce qu'il eft étouffé par un autre amour plus dominant, celui de votre intérêt perfonnel; & il en fera toujours ainfi jufqu'à ce que le cœur

----

(*) Car il n'eft plus de parlement en France on ne doit pas prendre l'ombre pour la réalité.

n'obéiffe qu'à un feul maître, & que l'amour
propre foit pleinement foumis à celui de la
juftice. Cet amour unique de la juftice fe
manifefte par l'amour du bien public, qui eft
la grande qualité d'un magiftrat & qui eft
fondée fur le défintéreffement: car dès qu'on
tient à quelqu'intérèt particulier, on eft incapable de foutenir comme il faut l'intérèt
public; & l'on mefure de telle forte tout ce
qu'on dit & tout ce qu'on fait; qu'on penfe
plus à foi qu'au bien commun. On ne doit
rien attendre de grand ni de généreux d'un
homme de ce caractère. Il a toujours quelque fecréte vue, dont il eft le centre & la
fin; l'état n'eft que le prétexte, le peuple
n'eft que le voile qui cache fes deffeins. Il
abandonnera la bonne caufe dès qu'il aura
obtenu ce qu'il défire; un effet naturel de
l'amour du bien public c'eft l'amour des
pauvres tant recommandé aux juges dans
l'Ecriture & fi négligé parmi les chrétiens.
Pour ètre fenfible à leurs intérèts, ne faut-il
pas defcendre jufqu'aux plus petits & aux
plus faibles d'entre le peuple? Et pour cela
ne faut-il pas tout embraffer dans fon cœur

& y tout réunir : mais fi l'on eft indifférent pour le bien public, comment ira-t-on jufqu'aux pauvres ? Comment les fervira-t-on avec zèle, fi l'on eft intéreffé ? Comment s'attirera-t-on pour ennemis ceux qui les oppriment, fi l'on flotte entre l'efperance & la crainte ? Et comment fera-t-on de la caufe des pauvres la fienne propre, fi l'on n'agit pas par des motifs fuperieurs à toutes les confidérations particulieres ? VOTRE MAJESTÉ IMPÉRIALE regarde comme impoffible qu'un magiftrat agiffe par des motifs fi purs, & qu'il ait même aucune des qualités qu'on vient de défigner, au moins dans un dégré parfait, s'il a défiré fon emploi & s'il craint de le perdre. N'a-t-il pas dû en connaître les dangers, n'y entrer que par vocation & ne l'accepter qu'en tremblant : il ne doit y demeurer qu'autant qu'il y fera contraint par le refpect dû à la providence qui l'a placé ; & s'il ne peut y faire du bien, il ne doit point regarder comme un mal, de le quitter. Sans ces difpofitions il fera toujours faible & timide ; & les fervices qu'il rendra à l'état feront peu importans & auront tous le caractère de fa faibleffe.

LES Princes qui ont mieux connu les hommes & mieux jugé des qualités nécef-faires à un grand magiftrat, ont écarté les ambitieux & cherché ceux qui fuyaient les emplois. C'eft leur exemple qui fert ici de regle à VOTRE MAJESTÉ : c'eft par une fuite de cette regle que vous ne choififfez jamais parmi ceux qui s'offrent d'eux-mèmes & qui briguent des emplois, cette démarche feule fuffit pour en être à jamais exclu.

VOTRE MAJESTÉ exige encore l'innocence de la vie & une grande réputation de probité, comme des qualités indifpenfables dans un magiftrat ; à vos yeux éclairés il ne fuffit pas d'être actuellement homme de bien, il faut de plus l'avoir toujours été & être exempt de tout reproche & de toute tache ; conviendrait-il par exemple à un homme qui a méprifé les loix, d'en être le protecteur ? Ne pourrait-on pas oppofer fon exemple à fa févérité, & fa conduite paffée ne laifferait-elle pas de juftes défiances fur fes fentimens fécrets. Ne faut-il pas que le public fe repofe pleinément fur lui? ne faut-il pas qu'on le croie vertueux, parce qu'il l'a toujours été, & qu'on lui remette fans peine les intérêts les plus chers, parce qu'on fait qu'il n'a jamais eu ni paffions ni faibleffes.

VOTRE MAJESTÉ regarde auffi comme une qualité indifpenfable dans un magiftrat la fidélité à l'égard du Prince, mais c'eft une fidélité à toute épreuve que vous exigez. Si un magiftrat ne doit écouter que fon devoir, il ne doit auffi connaître que fon maître, parce qu'il dépend de l i feul; un magiftrat de ce caractère ne recevra jamais rien, ni d'un étranger, ni même d'aucun Prince qui n'a pas la conduite de l'état: il fera effen-tiellement ennemi de toutes les factions, & de tous les partis qui fe forment contre le gouver-nement: il ne fera ébloui par aucun prétexte du bien public; il ne fera tenté par aucune efperance de réforme: aucun traitement dur, ni aucune difgrace ne feront capables d'af-faiblir fon inviolable attachement pour fon Prince. C'eft le devoir & la confcience qui en font le principe, & non l'intérêt, & dans des tems difficiles il fera prèt à tout quitter à tout facrifier & à tout perdre pour un Prince qui l'aurait peu ménagé & qui n'aurait pas rendu juftice à fon mérite.

TELLE eft l'énumeration de toutes les qualités que VOTRE MAJESTÉ IMPÉRIALE exige pour remplir les charges & les dignités de l'état. Vous n'ignorez pas que la bafe de toutes ces qualités & ce qui en fait la vérité, c'eft la crainte de Dieu. C'eft elle qui éclaire un homme deftiné à rendre la juftice, qui le fortifie qui l'éléve au-deffus des fentimens humains, qui lui fournit des motifs éternels & indépendans des événemens de cette vie; qui le rend auffi exact dans les confeils qui n'ont pas de témoins que dans les jugemens folemnels ; qui infpire une bonté particuliere pour les pauvres, parce qu'ils font hors d'état de lui rendre ce qu'il faut pour eux ; qui l'attache au prince & au bien public, fans qu'il attende ici aucune récompenfe de fes fervices, & qui le confole dans fon travail par le défir unique de plaire à Dieu, qui l'en a chargé. Sans ce principe intime qui eſt dans tous les tems & qui ſubſiſte ſans aucun appui viſible, les meilleures qualités d'un magiſtrat ne ſont que ſuperficielles. Elles languiſſent dès qu'elles n'ont plus d'admirateurs, elles cédent ſouvent aux tentations ſecrétes : comme elles n'ont point de racine ni de but, elles périſſent faute d'aliment, ou elles l'empruntent de l'orgueil.

DE quelle conſéquence n'eſt-il pas pour tout un public qu'un prince ne ſoit pas trompé dans le choix des magiſtrats. Les premiers juges en ſont comme l'ame & l'eſprit. Le Sénat d'une grande ville & ſurtout de la capitale, en eſt non ſeulement l'ornement & la gloire, mais l'appui ; ce n'eſt point dans les édifices, diſait l'Empereur Othon, ni dans la magnificence extérieure, que conſiſte la gloire & la durée de l'empire. Tout ce qui n'eſt que matériel eſt peu de choſe. Il peut ſe détruire & ſe rétablir, ſans que l'eſſentiel ſouffre aucun changement : mais c'eſt attaquer le fond de l'état & le prince même, que de donner atteinte à l'au-

torité du sénat. L'Empereur Adrien en avait
eu la même idée & l'avait même portée plus
loin : car il ne voyait rien dans tout l'empire de plus important ni de plus grand que
la place de Sénateur. Il n'y élevait personne
qu'avec une extrème précaution & il était
si persuadé que cet honneur était au-dessus
de tous les autres, & qu'il supposait par
conséquent un mérite extraordinaire, qu'en
l'accordant à un homme qui avait été pré-
fet de prétoire & consul, il lui dit qu'il
ne pouvait désormais l'élever plus haut,
le dégré de sénateur étant au-dessus de tout:
puisque les plus grandes affaires se portent
au sénat, & qu'elles n'ont une forme réguliere & constante, que lorsqu'elles sont
terminées par ce dernier tribunal, qui dans
le fond n'est respectable qu'autant que ceux
qui le composent sont dignes de la confiance & de la vénération du peuple, &
qui tombe dans l'avilissement dès que le
prince souffre qu'il se remplisse de personnes sans naissance, sans générosité sans savoir, sans attachement aux bonnes maximes,
sans zèle pour le bien public, & sans ver-

tu. C'eſt pour prévenir de pareils déſordres, que VOTRE MAJESTÉ IMPÉRIALE affecte d'être ſi difficile dans le choix des magiſtrats; que vous voulez voir par vous-même, ſi ceux ſur leſquels vous jettez les yeux ont les qualités requiſes dont on vient d'ébaucher le tableau; & ce n'eſt qu'après un long & ſérieux examen de la capacité, des mœurs, de la probité, & de tous les caractères & les ſignes qui annoncent un homme digne d'être juge, que vous fixez votre choix. Ce n'eſt pas là que ſe bornent vos ſoins: vous parlez en particulier aux premiers magiſtrats que vous avez établis & qui ont l'honneur de recevoir vos ordres immédiatement, vous leurs témoignez en termes forts & touchans, que vous n'avez rien de plus à cœur que la juſtice; que vous vous regardez comme chargé de tout ce que font les juges dans toute l'étendue de vos états, qu'ils ne peuvent rien faire pour votre ſervice qui vous ſoit plus agréable, que d'uſer ſelon vos intentions de l'autorité que vous leur avez confiée, & que votre principal ſoin ſera de vous informer de leur conduite.

Vous leur recommandez de telle forte d'être exacts, intègres, défintéreffés; & de veiller fur les autres, qu'ils font bien perfuadés que c'eft vous toucher dans le point le plus fenfible que de tomber dans aucune faute contre la juftice. Et il eft à remarquer que ces exhortations publiques & fecrétes ont la plus grande influence fur l'adminiftration de la juftice. Si vous apprenez que quelque magiftrat fe diftingue par le favoir & la probité foit dans les provinces, foit dans le fénat de la capitale; vous affectez de le louer devant des témoins, mais en peu de mots, comme il convient à un fouverain. Vous faites au contraire avertir, mais d'une maniere moins publique, ceux contre lefquels vous avez reçu de juftes plaintes, pour donner lieu à leur changement, par le foin même que vous prenez de leur réputation; & vous excitez par cette fage conduite une noble émulation qui eft d'une plus grande efficacité que la contrainte.

Pendant que vous employez ces moyens pour infpirer un nouveau zéle aux juges

que vous avez établis, vous vous appliquez
à découvrir des perfonnes dignes de votre
confiance, & capables de remplir les premieres places, afin de les leur donner dès
quelles feront vacantes : vous vous fervez
enfuite de ces premiers magiftrats pour examiner les autres, & pour en faire choix.
Vous les confultez quand il vous faut nommer des préfidens, des procureurs, des avocats généraux dans les divers tribunaux de
votre domination, ou envoyer des intendans
de juftice dans les provinces. Vous les char-
gez de s'informer de toutes les perfonnes
qui fe diftinguent dans la robe, de ceux
qui excellent dans la connaiffance du droit;
de ceux qui joignent à la naiffance de grands
talens & une grande vertu. Vous recevez
leurs mémoires pour en faire ufage dans
l'occafion, & vous leur défendez d'admettre
aucun officier dans aucun tribunal, dont la
bonne conduite ne foit atteftée par des témoins qui foient au-deffus de tout foupçon.
Vous prenez de telles précautions pour l'é-
tabliffement des juges inférieurs, que par les
ordres que vous donnez de faire des en-

quêtes très-férieufes fur leurs perfonnes, vous fçavez convertir en févéres examens ce qui auparavant n'était que collufion & que compliment. Vous vous êtes propofé pour modèle dans cette partie, l'exemple d'un prince qui a mérité par fon application à donner de bon juges. (*).

IL avait pour règle de n'accorder à perfonne le rang de fénateur, qu'après avoir pris les voix de tous ceux qui l'étaient, & après avoir entendu les témoignages avantageux de perfonnes illuftres : mais s'il découvrait que les témoignages euffent été donnés par faveur, & que certains fénateurs euffent été gagnés, il puniffait les témoins d'une maniere publique, & il réleguait au dernier rang les fenateurs lâches & complaifans, qui auraient déshonoré leur corps,

____

(*) Senatorem nunquam fine omnium fenatorum qui aderant confilio fecit, ita ut per fententias omnium crearentur teftimonia dicerent fummi viri; ac fi fefelliffent, vel teftes vel ii qui fententias dicebant, poftea in ultimum rejicerentur locum, civium condemnatione adhibita. Lamprid. in vita Alexandri Severi pag. 211.

en y admettant un indigne. VOTRE MAJES-
TÉ IMPÉRIALE qui fçait tout aſſaiſonner
d'un ſage tempérament, ne croit pas toujours néceſſaire de porter ſi loin la ſévérité ; mais vous ne perdez jamais de vue combien il importe qu'on ſache dans toute l'é-
tendue de vos états, qu'on réuſſit difficilement à vous tromper, & qu'on ne le fait
jamais impunément ; vous ſavez qu'un ſeul
exemple, dans certaines circonſtances peut
faire qu'un ſecond ne ſoit pas néceſſaire ; la
volonté du prince une fois bien déclarée,
eſt une forte barriere contre les indignes ;
il ne s'agit que de commencer. La plûpart
des obſtacles qu'on croit quelque fois inſur-
montables tombent d'eux-mêmes, quand on
eſt bien réſolu de les mépriſer, & ſi les
princes ſavaient tout ce qu'ils peuvent pour
la juſtice ils ne trouveraient preſque pas de
réſiſtance. Mais malgré toutes les précautions
imaginables, un prince ne peut-il pas être
trompé dans le choix qu'il fait des juges ?
& comment découvrira-t-il leurs vices & leurs
défauts ſi l'on croit avoir tout fait dans un
premier examen ? Qu'il eſt difficile de cor-

riger un mauvais choix ! on peut avoir mis
en place un homme droit & jufte, mais
qui ne conferve pas dans fon emploi les
qualités qu'il y avait portées : on peut fe
repofer fur la vigilance des premiers magiftrats, mais qui font quelquefois diftraits,
mal avertis, indulgens, liés d'intérèts avec
ceux dont ils devraient découvrir les fautes.
Il eft donc néceffaire que le prince veille
fur les fentinelles qu'il a établies, qu'il s'informe avec foin de la conduite des juges
qui font plus près de lui ; qu'il ait dans
tous les corps des perfonnes fincéres & fi-
delles qui l'inftruifent de tout ce qui mérite fon application ; qu'il fache à qui dans
chaque province il peut demander fûrement
comment s'adminiftre la juftice, qu'il cache
avec foin ceux qui lui donnent des avis,
parce qu'il n'y a prefque point de probité
à l'épreuve de l'intérèt, & qu'il s'informe
par tant de moyens & par tant de canaux
qu'il puiffe enfin parvenir à la vérité : tels
font les moyens qu'employaient autre fois
les princes qui étaient chargés de l'empire
romain, lorfqu'il était plus étendu, & qu'il

était par conféquent plus difficile d'en connaître le détail que d'aucun royaume particulier; tels font auffi les moyens que VOTRE MAJESTÉ IMPÉRIALE fait employer avec tant de s'agacité, d'affiduité & de per-féverance qu'il en réfulte les plus heureux fuccès. Vous favez trop bien que ce ferait négliger la juftice, que de n'avoir pas une continuelle attention. fur ceux qui la ren-dent. En effet ne vaudrait-il pas mieux pour le bien de l'état, que le prince fut vicieux, mais zélé pour la juftice, que s'il était ré-glé pour fa conduite perfonnelle, mais in-diffèrent à la juftice publique. Ses mœurs particulieres ne regardent que lui, mais fa négligence perd tout. Il fe flatté d'être homme de bien, mais tous fes miniftres font in-juftes: & le public; qui ne reffent aucun fruit de fes bonnes intentions, eft laiffé en proie à l'avidité & à l'injuftice de tous ceux qui abufent de fon autorité. Domitien était un méchant homme, mais fous lui toutes les provinces furent gouvernées par des ju-ges intégres. Il fe pardonnait tout à lui-même, mais il ne leur pardonnait rien. Il

vivait

vivait felon fes paffions, mais il favait choifir des magiftrats & des miniftres qui en
fuffent exempts. Il diftinguait le mérite &
l'employait fans fe foucier d'en avoir, & le
peuple fous un prince méchant en particulier,
avait de meilleurs juges que fous Trajan,
fi différent de Domitien pour fa conduite
perfonnelle, mais moins appliqué à donner
de bons magiftrats & moins attentif à leur
conduite. Si la feule attention d'un prince,
même vicieux, eft capable de tenir tous
les juges dans le devoir, quels effets précieux ne produira pas celle d'un prince non
feulement zélé pour la juftice, mais jufte
lui-même : c'eft-là ce qui fixe l'admiration
de l'Europe entiere fur VOTRE MAJESTÉ
IMPÉRIALE qui joint au mérite perfonnel une
vigilance continuelle : vous donnez l'exemple,
vous cherchez des imitateurs & ne trouvez que des admitateurs ; irrépréhenfible en
toute chofe, vous n'employez au miniftere
de la juftice que ceux qui le font autant
que la faibleffe humaine le permet. Auffi
quel ordre, quelle harmonie n'admire-t-on
pas dans l'adminiftration de toutes les parties

du gouvernement dans vos vaftes états. Tout
y eft réglé & tout y fuit fans peine le mouvement que VOTRE MAJESTÉ IMPÉRIALE
imprime à tous ceux qui font régis par les
loix, par votre infpection, & plus particuliérement par la force toute puiffante
de l'exemple d'un Monarque jufte & vertueux, inacceffible à la flatterie, uniquement
occupé du foin de faire rendre la juftice &
qui travaille continuellement à devenir tous
les jours plus digne du trône. Mais comment un prince pourra-t-il ne confulter que
le mérite perfonnel dans le choix des juges
pour tous les tribunaux de fes états, fi la
vénalité des magiftratures y a été introduite
par fes prédéceffeurs ? il n'a la liberté de
choifir des juges que parmi ceux qui ont
de l'argent & de l'ambition, tous ceux qui
ne font pas riches ne feront-ils pas exclus ?
& tous ceux qui feront riches fans être
préfomptueux, ne le feront-ils pas auffi ? le
prince pourra-t-il admettre d'autres que ceux
qui s'offrent eux-mêmes ? ne fera-t-il pas
contraint de confier le plus augufte pouvoir
qu'il ait reçu de Dieu : à des hommes qui

mériteraient, fi les chofes étaient dans l'ordre, d'être punis pour leur empreffement &
leur témérité. Autre fois dans tous les états
policés, monarchies ou républiques, rien
n'était plus interdit que les brigues pour
les charges, ni plus févérement puni que
les largeffes pour y parvenir. Il eft encore
quelques états où ces abus ne font point
foufferts; & il y en a même encore, où
l'on exige du magiftrat avant que de lui
remettre les provifions du prince, qu'il af-
fûre avec ferment qu'il n'a point recherché
l'emploi qu'on lui donne, & qu'il ne fe
l'eft point procuré par fes follicitations, ni
par des préfens. Comment eft-il donc arrivé, que dans d'autres états prefque toutes
les charges ayent été mifes à prix, & à
un prix même exceffif? comment fe peut-
il faire qu'on n'ait pas prévu les fuites funeftes d'un défordre fi oppofé au bien public? & comment des princes ont-ils pu fe
réfoudre à fe priver pour toujours du feul
moyen de rendre la juftice à leur peuple,
en s'ôtant le moyen de choifir les juges.
En vain s'efforcerait-on d'alléguer les befoins

de l'état ; mais le plus preſſant beſoin de l'état n'eſt-ce donc pas que la juſtice ſoit rendue ? & que conſerve-t-on ſi l'on ne conſerve la juſtice & la probité ? les véritables ruines ne ſont pas celles qui paraiſſent aux ſens, ni les grands malheurs ne ſont pas ceux qui peuvent ètre réparés avec le tems & la dépenſe: les plaies profondes de l'avarice & de l'ambition ſont des maux preſqu'incurables & dont les ſuites ſont comme éternelles: & c'eſt ruiner le fondement de l'état, & du trône mème que d'ébranler le ferme appui de l'intégrité & de la juſtice. D'ailleurs, n'eſt-il pas certain que l'amorce préſente de la vénalité des charges a un tèrrible retour, par le poids dont elle charge le prince, & par conſéquent ſes états. Le ſecours paſſager s'évanouit, & une dette accablante demeure. C'eſt un remede d'un jour & le mal qu'il procure eſt éternel.

Qu'on ſe donne la peine d'examiner mème ce qu'il y a eu de réel dans une telle reſſource: on trouvera que la vente des magiftratures (*) n'a été que d'un très-faible fecours ; elles n'ont point été créées en un jour & débitées fur le champ. Les anciennes ont été en petit nombre. Les autres y ont été ajoutées par intervalles. Le prix de plufieurs a été employé à des dépenfes peu néceffaires & très - différentes des befoins de l'état. Ces faibles ruiffeaux fe font ainfi écoulés fans grand effet, & ils n'ont laiffé après eux que le gravier & le limon ; & jamais on aurait eu recours à des moyens fi dangereux d'un côté & de l'autre fi infuffifans, fi une mauvaife politique, attentive à un intérèt d'un moment, n'avait facrifié tous les autres. Mais fi c'eft un mal, dira-t-on, il eft déformais, fans remede ; & il ne faut pas perdre un tems précieux à le déplorer fans aucun fruit. Princes qui êtes affez heureux pour n'avoir point cette gangrène dans vos états, apprenez à connaître tout votre bonheur? & à le conferver précieufement. Pour vous princes qui avez le

---

(*) On ne parle ici que des charges qui ont jurifdiction.

malheur de voir la vénalité des charges introduite dans vos états, si vous êtes réellement sensibles aux maux sans nombre,
qui en font les suites inévitables, vous ne
pouvez que vous affliger d'un désordre qui
vous lie les mains, & donne des bornes
étroites à vos bonnes intentions: que tous
les souverains de la terre ne puissent-ils en
pénétrer toute l'injustice, afin d'y chercher
des remedes, & de prescrire au moins une
loi inviolable, de ne pas ajouter à un mal
qu'ils devraient guérir. S'ils étaient bien pénétrés de cette grande vérité, que ce qu'il
y a de plus auguste & de plus divin dans
l'élevation où Dieu a placé les princes, c'est
d'avoir été établis par lui juges & arbitres
de la vie & des biens de leurs sujets, con-
sentiraient-ils jamais à communiquer cette
divine puissance à des hommes dont le principal mérite consiste dans les richesses ? con-
vient-il que des princes mettent à prix cette
divine puissance, qu'ils la jugent semblable
aux choses dont l'argent est l'échange, qu'ils
en donnent cette basse idée aux acquéreurs
& au peuple ? qu'ils invitent les ambitieux

& repouſſent les perſonnes modeſtes ; qu'ils juſtifient hautement la corruption & les brigues ; qu'ils reçoivent eux-mêmes les préſens qu'ils condamnent dans les autres ; qu'ils ne ſoient attentifs qu'au mérite perſonnel qu'après être certains qu'il eſt ſolvable, & qu'ils ne confient jamais de dépôt de la juſtice qu'à des mains chargées d'or & d'argent ? mais qu'il ſoit permis de demander depuis quel tems les richeſſes ſont devenues la preuve de l'intégrité, du ſavoir, du zéle pour la juſtice ? qui a fait perdre aux perſonnes d'un bien médiocre, ou même pauvres, toute vertu & tout mérite ? toutes les richeſſes ſont-elles bien acquiſes, & ne ſont elles jamais ſuſpectes ? ne peut-il pas ſe faire qu'on ait demeuré dans la pauvreté pour conſerver l'innocence, & le précieux dépôt de la vertu ? Le noble déſintéreſſement n'eſt-il donc plus un mérite ? que faut-il donc penſer de tout ce qui avait porté le nom de vertu avant que les choſes fuſſent perverties ? que deviendront tant de perſonnes dont le ſavoir eſt ſi profond, & les mœurs ſi pures & qu'on laiſſe dans là pouſſiere & l'oubli ? qui exhortera déſormais les autres à les imiter? qui suivra une route qui ne conduit qu'à l'indigence & au mépris? n'est-ce pas éteindre le mérite dans sa source que d'éteindre l'amour des lettres, des loix, des anciennes maximes? & n'est-ce pas éteindre l'amour de l'étude, que de les rendre inutiles? où sera l'émulation des belles choses, si les richesses seules sont la porte de tous les emplois? & à quoi serviront les autres distinctions, si elles n'attirent jamais les yeux de l'attention du prince? pourra-t-il empêcher que ceux à qui il aura vendu l'administration de la justice ne la vendent à son exemple? punira-t-il dans eux l'imitation de sa propre conduite? & n'est-ce pas une suite de ce honteux trafic, que celui qui achette, ait la liberté de faire acheter à d'autres ce qu'on lui a vendu. Pour moi, disait Alexandre Sévére, cet Empereur plein d'honneur & d'équité, je n'aurais pas le front de punir un magistrat avare & intéressé, si je lui avais appris à le devenir; & je croirais qu'il aurait acheté de moi l'impunité, si je lui avais vendu la permission de faire à d'autres, ce que j'aurais fait à fon égard. Comment un prince remplirait-il les tribunaux de perfonnes illuftres par la naiffance & par d'autres qualités fi leur pauvreté leur donne l'exclufion ? & comment empêchera-t-il au contraire que des hommes nouveaux, obfcurs, fans nom, fans alliance, fans élévation, fans courage, rempliffent les plus auguftes fiéges, s'ils font feuls en état de porter au tréfor royal les fommes prefcrites ? Le public aura-t-il beaucoup de refpect pour des hommes nés dans la derniere baffeffe, élevés dans la fervitude, devenus riches par mille voies indignes, & fouvent engraiffés du fang du peuple ? & ces hommes devenus les maîtres des autres ; auront-ils beaucoup d'égards pour la juftice & pour la vertu, eux qui ne les auront jamais connus, qui n'en auront rien efpéré & qui devront tout à leurs richeffes ? n'eft-ce pas enflammer la cupidité de tout le monde, que de mettre ainfi en honneur l'argent & le bien, que de leur tout offrir, de leur deftiner tout, de les regarder comme ayant droit à tout ? n'eft-ce pas exhorter les plus modérés & les plus fages à ne fe plus

contenter d'une fortune médiocre ; les avares
à le devenir davantage ; les riches à être
inhumains envers tous les autres & à retenir tout pour eux ? n'eſt-ce pas ajouter à
une paſſion déjà furieuſe les aiguillons de
toutes les autres en lui ouvrant la porte de
toutes les dignités & ne l'ouvrant qu'à elle ?
n'eſt-ce pas ôter le diſcernement du juſte
& de l'injuſte, du gain honteux & du gain
légitime, que de montrer à quoi l'on peut
prétendre, & à quoi l'on peut arriver, ſi
l'on a l'eſprit de devenir riche, de le devenir bientôt & de le devenir ſans meſure ?
envain ſe flatterait-on de trouver toujours
dans le grand nombre des riches de quoi
choiſir. L'expérience a prouvé le contraire :
car d'un côté les charges augmentent de
prix, ſur tout dans un tems de paix ; &
d'un autre côté, les anciennes maiſons de
la robe, ou de l'épée s'éteignent ou s'apau-
vriſſent. Les dignités reſpectées ſous des
noms illuſtres paſſent à d'autres, & on eſt
obligé de le ſouffrir ; parce que les places
ne peuvent demeurer vacantes & que la vénalité les expoſe au plus offrant. Car c'eſt

une chimère que l'efpérance d'écarter les
indignes pendant que l'argent fait le principal mérite : il s'ouvre les paffages de tout ;
& les premiers magiftrats , ou ne font qu'une
molle réfiftance, ou fe laiffent fléchir par intérèt , ou fe laffent de combattre contre un
miniftre qui n'eft occupé que des finances.
Mais quand il ferait vrai que les magiftratures feraient dignement remplies quoiqu'achetées ; n'eft-ce pas un grand mal que
de charger les familles d'un poids auffi pé-
fant qui procure ordinairement peu de re-
venu, qui fait néanmoins une partie principale du bien , & qui ôte à un pere le
moyen d'établir d'autres enfans que celui
qui fuccéde à fa charge ? n'eft-ce donc pas
un mal que des magiftratures qui donnent
le droit de vie & de mort, foient mifes au
même rang que des champs & des héritages ; que le prince, excepté un petit nombre dont il s'eft réfervé l'agrément, ne foit
confulté fur aucune, que le vendeur ne foit
occupé que de trouver un acquéreur folva-
ble ; que tout fe paffe d'une maniere baffe &
profane , dans la chofe la plus fublime & la

plus fainte ; & que l'argent cette idole du fiécle, capitalement ennemie de la juftice, difpofe de toutes les fonctions, & diftribue tous les emplois? mais le plus grand mal & dont la fociété ne peut jamais être dédommagée, eft, que le devoir indifpenfable de choifir les plus juftes & les plus dignes magiftrats, devient impoffible par la vénalité : car on ne peut fuppofer fans folie, que le plus grand mérite eft inféparable des richeffes. Il faut donc quand ces deux chofes font féparées, préférer les richeffes avec un mérite beaucoup moindre, & à des qualités éminentes, parce qu'elles font jointes au défintéreffement & à la pauvreté qui en redoublent le prix. Ce neft plus alors des hommes qu'on choifit, c'eft uniquement leur bien ; & que peut-on attendre d'une telle perverfité, qui donne fans balancer, la préférence aux richeffes ; qui compte pour rien la vertu la plus parfaite, fi elle eft feule & qui l'exclut de l'adminiftration de la juftice, précifément à caufe qu'elle en eft digne. excuferait-on cet abus dans des chofes infiniment moins importantes? voudrait-on pré-

férer un medecin moins habile & moins ex-
périmenté, à un autre qui le furpafferait
en tout, mais qui ne ferait pas en état
d'acheter la confiance qu'on dévrait prendre en lui? voudroit-on en ufer ainfi à l'é-
gard des autres profeffions & rejetter tous
ceux qui y excelleraient, parce qu'ils ne
feraient pas affez riches? ferait-on capable
de cet aveuglement s'il s'agiffait d'un fimple
artifan, d'un l'aboureur, d'un ferviteur?
qui peut donc avoir appris aux hommes à
faire dépendre la connaiffance des loix, l'a-
mour de la juftice, l'intégrité des mœurs,
d'une chofe auffi étrangere que l'argent? fi-
non la cupidité ennemie de toute vertu &
principalement du bien public.

C'EST d'après des réflexions auffi importantes que VOTRE MAJESTÉ IMPÉRIALE
touchée de ce défordre & de fes funeftes
fuites s'occupe fans ceffe des moyens d'y remédier avec autant d'efficacité que de promptitude, fans vous laiffer ébranler par les
difficultés qui paraiffent d'abord infurmon-
tables, mais fans avoir recours à des reme-

des qui feraient extrêmes & qui trouble-
raient infailliblement l'état au lieu de le réformer: car le zèle pour la juftice, quand il
eft éclairé, ne porte jamais à rien de violent
& d'injufte. Les magiftratures étaient autrefois au Prince; mais il les a comme aliénées
en les vendant; il ne peut y rentrer qu'en
reftituant le prix; & ce prix ne doit point
être la premiere finance, fi par diverfes taxes,
il a été porté plus loin. Il ne ferait pas jufte
auffi de déclarer les magiftratures reverfibles
au Prince par le décès de ceux qui les exercent, fi l'hérédité a été acquife à titre onereux,
ou fi elle a été comme affurée aux familles
à certaines conditions, qui ont fait une efpèce
de droit public, & qui ont fervi de fondement au commerce des charges.

Votre Majesté impériale croit avec
raifon qu'il n'y a point de remede plus efficace à la vénalité des charges que le rem-
bourfement; & c'eft à quoi tend Votre
Majesté, mais elle procède par dégrés:
dès qu'une charge eft rembourfée, vous en
détachez auffitôt toute vénalité, & vous la

conferez *gratis* à celui que vous en croyez le plus digne. Vous choiſiſſez des juges dans chaque province; leurs avis ſont portés à un conſeil établi pour les examiner: & le ſuprême conſeil n'eſt compoſé que de perſonnes les plus ſages, les plus intégres & dont la capacité eſt la plus reconnue. Tout juge qui eſt atteint, convaincu, ou même contre lequel il y a malheureuſement de fortes préſomptions, d'avoir reçu directement ou indirectement des préſens, eſt puni par la confiſcation de la charge, & les corrupteurs condamnés à une priſon perpétuelle. Vous deſtinez toutes les années un fonds, pour rembourſer dans chaque cour ſupérieure les charges qui ont plus de rapport au public; & vous avez eu ſoin de commencer par celles du premier tribunal. Après avoir une fois dégagé ces charges de toute vénalité, votre réſolution eſt de ne jamais accorder de brevets de retenue à ceux que vous en avez pourvus: vous défendez même ſous des peines très-rigoureuſes qu'on vous en parle jamais; quiconque s'oublierait au point de ſolliciter pareille grace auprès de VOTRE MAJESTÉ

IMPÉRIALE, eſt ſûr d'être accablé ſur le champ de tout le poids de votre diſgrace: & quand vous jugez à propos de récompenſer quelques magiſtrats pour leurs longs ſervices, ce n'eſt jamais en rendant leur charge tributaire; vous ſavez trouver d'autres moyens de récompenſer. Vous êtes trop jaloux de conſerver ce que vous avez racheté par vos épargnes. C'eſt pour la même raiſon que jamais vous n'accordez de ſurvivance ſous aucun prétexte, non pas même lorſque le titulaire vient à ſe démettre; VOTRE MAJESTÉ eſt trop ſur ſes gardes; pour ne pas appercevoir que ces démiſſions dégenerent enfin en ſurvivance ou du moins y préparent le chemin: vous conſervez précieuſement une liſte où toutes les perſonnes de robe, qui ſont dignes de votre attention, ſont écrites avec leur âge, leur emploi, leur ville, leur province; & cette liſte eſt diviſée ſelon les divers départemens de vos vaſtes états. Vous vous réſervez à vous ſeul la nomination aux charges, aux dignités, à toute ſorte d'emplois. Tous ceux qui ſe préſentent pour les demander ſont exclus ſans retour, & tous ceux pour qui on vous

les

les demande, vous deviennent suspects; Vo-
TRE MAJESTÉ a une attention particuliere, à
ne les remplir que de ceux dont le mérite lui
aura été connu, indépendamment des recom-
mandations mendiées; par cette sage précaution,
vous conservez à ces précieuses charges, tout
leur éclat & toute leur valeur en ne les accordant qu'à des personnes qui ont un mérite
reconnu. Par ce moyen vous délivrez des mains
des riches les emplois pour les personnes
désinteressées. L'émulation & l'honneur viennent au secours de la vertu, & plusieurs
que le découragement aurait tenus dans la
paresse, deviennent des hommes importans
dans l'étude & dans le travail. VOTRE MA-
JESTÉ IMPÉRIALE ne borne pas ses soins à
remédier à la venalité des magistratures, ou
à la reduire; il est un autre abus qui ne fixe
pas moins l'attention de VOTRE MAJESTÉ,
ce sont les frais excessifs qu'il faut payer pour
avoir accès au tribunal de la justice. Cet abus
énorme est une suite de la vénalité; si les frais
sont excessifs par diverses causes, vous n'ignorez pas que les princes y ont eu pour le moins
autant de part primordialement que les juges

Tome II.   L

qui font les plus grands exacteurs. Vous voyez avec indignation que cet abus eft tel, qu'il n'y a plus aujourd'hui de juftice, pour les pauvres, les veuves, les orphelins, les faibles, les perfonnes opprimées, quoiqu'elle leur foit principalement dûe. Elle leur eft refufée, non feulement dans une occafion, mais dans toutes ; elle eft inacceffible à leur égard, parce que dès l'entrée tout eft taxé, tout eft mis à un très-haut prix, & tout ne fe commence & ne fe pourfuit qu'à force d'argent. Les perfonnes même qui vivent dans une certaine aifance, fe trouvent bientôt réduites à l'indigence dès qu'elles ont quelque procès à foutenir, fouvent ces mêmes perfonnes fe défiftent de toute prétention avant que leur affaire foit terminée, par la raifon que tout leur argent eft épuifé ; il y a plus, c'eft que fouvent même ceux qui gagnent leur procès n'en font pas moins ruinés, de même que s'ils avaient fuccombés fous le poids accablant de la juftice. Ce qui a paru aux yeux de VOTRE MAJESTÉ éclairée être en bonne partie la caufe de cet abus énorme, c'eft le trop grand nombre de juges qui eft multiplié au delà du befoin : ils achétent chérement leurs charges ; ils font fouvent taxés fous divers prétextes ; ils font preffés par les néceffités domeftiques ; & ils faififfent avidement tout ce qui peut les faire vivre, fans fe laiffer toucher de tout ce qui leur emporterait du tems & ne leur procurerait aucun fecours. Ceux même qui ont quelque bonne volonté pour les pauvres, parce qu'ils font ou plus humains, ou plus à leur aife, fe contentent de les plaindre, parce qu'ils ne peuvent les difpenfer des formalités de la juftice, & que toutes les procédures font taxées par des dé_ clarations même du Prince, qui à mefure qu'il a éxigé des officiers de juftice certaines fommes, leur a accordé de nouveaux droits fur toutes les expéditions. Ainfi les pauvres & les veuves & beaucoup de perfonnes qui paraiffent avoir plus de reffource, im_ plorent inutilement les loix : il n'y a rien à efpérer pour eux, parce que rien n'eft gratuit. Un grand état plein de tribunaux & de juges eft à leur égard femblable à un défert, où le fort opprime le faible impuné_ ment. Leurs larmes coulent fans fruit devant les hommes, qui les méprifent comme faibles & impuiffantes, parce qu'ils ne voient pas celui qui y eft attentif, & qui prépare un terrible châtiment & aux juges & aux princes mêmes qui ne font pas touchés d'un tel défordre. (*)

VOTRE MAJESTÉ IMPÉRIALE eft fans ceffe occupée à combiner les plus fûrs moyens

---

(*) Les prophetes du Seigneur en parlent en des termes capables d'intimider les plus infenfibles... Voici ce que dit l'un d'entr'eux. ,, Le feigneur ne fait point d'acception de ,, perfonne contre le pauvre; il écoute les prieres de ,, quiconque eft opprimé. Il ne méprife pas, (comme les hommes) le pupille, & l'orphelin qui l'invoque, ni la veuve qui porte fes plaintes & fes gémiffemens jufqu'à lui. Les larmes de la veuve coulent fur fon vifage (& de là fur la terre) mais leur cri s'élève contre celui qui en eft la caufe. Les pleurs, dont fon vifage eft mouillé, montent jufqu'au ciel; & le feigneur qui en entend la voix, n'y fera pas indifférent. La priere de celui qui fe profterne devant lui, pénétre les nuées. Elle fait inftance, jufqu'à ce qu'elle ait obtenu ce qu'elle demande, & elle perfevère jufqu'à ce que le très-haut en foit touché. Et le Seigneur ne différera point à juger ceux qui ont droit à la juftice. Le tout-puiffant ne verra point tranquillement leur oppreffion : il déchargera fa colere fur ceux qui en font les auteurs. Il fera éclatter fa vengeance fur les orgueilleux qu'il exterminera & fur les rois injuftes, qu'il accablera de malheurs.

pour remédier à des injuſtices particulieres
par de ſéveres ordonnances, par des punitions exemplaires, & beaucoup plus ſûrement
encore, en ne confiant les premiers emplois,
qu'à des juges pleins d'honneur & de lumiere,
dont ni l'avarice, ni la corruption ne puiſ-
ſent ſoutenir les regards ; ni les éviter.
Quand vous conſidérez les nouvelles créa-
tions d'offices, les emprunts faits ſur les
compagnies, les taxes fréquentes, compen-
ſées quelque fois par des attributions de nouveaux droits, & pluſieurs moyens de cette
nature, ce ſont à vos yeux autant d'obſtacles encore plus grands que la vénalité, à
la diminution des frais de juſtice; en vain
Votre Majeſté impériale ſe flatterait-
elle de faire rendre la juſtice à ſes ſujets,
ſi elle continuait de ſe ſervir des mêmes voies
qui ſont aujourd'hui preſque entièrement
bannies de ſes états. Vous voulez que la
juſtice ſoit rendue *gratis* à tout le monde.
Vous ſavez que toutes les taxes que vous
impoſeriez ſur les juges, réjailliraient néceſ-
ſairement ſur les pauvres ou ſur une infinité
de perſonnes qui ſont réduites au rang des

pauvres , par une égale impuiſſance de porter les fraix que. les procès les plus juſtes & même les plus ſimples leur coûteraient.

Ce ſerait inutilement que le Prince aurait du zèle pour la juſtice, s'il ne s'attachait à faire obſerver les loix; mais quelles loix méritent plus d'être ſuivies, que celles qui ſont anciennes & autoriſées par un long uſage? On a eu le loiſir d'en examiner tous les rapports, tous les inconveniens, tous les avantages. Les peuples ſont accoutumés à les reſpecter, elles ont conſervé l'ordre & la paix depuis. longtems. Elles font partie de ſa conſtitution & de ſa fermeté. Ce ſerait l'ébranler que de ſouffrir que de nouvelles coutumes prévaluſſent; & c'eſt par conſéquent une étroite obligation au prince d'en être un zélé protecteur ; voilà pourquoi Votre Majesté impériale exige des juges qu'ils ne s'en écartent dans aucune circonſtance : jamais de jeunes gens ne fixent votre choix; parce que les jeunes gens faibles, ſans étude & ſans expérience, ſont ſouvent capables d'introduire une nouvelle juriſprudence, très-

différente de l'ancienne, à moins qu'ils n'ayent
à leur tête des guides autorifés qui les con-
duifent, & qui leur apprennent à marcher
fur les anciennes traces de leurs peres ; mais
ces guides meurent ou deviennent rares ; une
jeuneffe témeraire, fortifiée par le nombre,
devient maîtreffe des décifions, elle invente au
lieu d'étudier. Elle efpére trouver dans le bon
fens dont elle fe flatte, plus qu'elle ne trou-
verait dans les livres. Elle forme ainfi par
dégrés un nouveau droit, fans principes certains, fans aucune prévoyance des inconveniens futurs & fans aucune uniformité :
car l'exemple de ceux qui ont commencé,
à innover eft imité par d'autres qui croient
avoir la même autorité ; & il arrive de-là
une telle inconftance dans les jugemens, que
quiconque ne fuit pas jour à jour ce qui
fe paffe dans les tribunaux, ne faurait fe
fonder fur les arrèts rendus les années précédentes, ni prévoir avec certitude fur quelles
régles une nouvelle affaire fera jugée : de cet
abus qui rend la juftice prefque arbitraire,
on tombe inévitablement dans un autre, qui
eft d'ignorer les droits du prince, & de fa

couronne, fes véritables intérèts & ceux de
fon peuple ; de n'ètre plus en état de lui
donner confeil dans des affaires délicates où
fon autorité peut ètre commife ; & de ne
connaître plus jufqu'où la fidélité & le courage doivent aller dans des circonftances délicates, où l'on voit éclatter le choc de deux
puiffances qui femblent s'armer l'une contre
l'autre. Votre Majesté fent toute la néceffité de conferver les maximes anciennes
dont un état dépend, vous ètes trop intéreffé à ce que des opinions nouvelles ne
prennent pas la place des maximes anciennes,
d'où dépend votre gloire & votre fûreté.
Votre Majesté impériale eft trop éclairée
pour ne pas veiller à la confervation de l'ancienne jurifprudence. Vous ordonnez aux juges d'en faire une étude férieufe. Vous ne
mettez dans les premieres magiftratures que
ceux qui en font bien inftruits. Vous ne
confiez les droits de votre couronne qu'à
des hommes pleins de lumiere & de zèle,
vous ne fouffrez jamais que l'ignorance ou
l'artifice vous enléve le précieux dépôt que
l'antiquité vous a confervé, & qu'on lui fub-

ftitue des ufages nouveaux, contraires à votre autorité & à la liberté de votre peuple.

CE n'eft pas que vous vous oppofiez à ce qu'on établiffe de nouvelles loix felon les nouveaux befoins de l'état. Lorfqu'une loi parait néceffaire vous en formez le projet, pour l'examiner & non pour l'établir, vous la confidérez dans tous les fens, & de tous les côtez : vous pefez bien fi l'exécution en eft difficile, ou aifée : fi les peuples la défirent, fi les avantages en font grands ; fi elle n'affaiblit point d'autres loix plus importantes ; fi elle remédie au mal qu'on veut empêcher, ou fi elle ne fervira qu'à l'aigrir & à multiplier les infractions. Dans le projet & dans l'examen VOTRE MAJESTÉ fe fert des lumieres des magiftrats les plus éclairés & les plus intégres : vous leur demandez leur avis & non leur approbation ; vous exigez même, lorfque la chofe eft affez importante qu'ils donnent leur avis par écrit, & vous leur accordez un certain tems pour y réfléchir, & pour méditer. Vous ne vous bornez pas feulement à confulter des juges, ou des perfonnes habiles dans le droit, mais des hommes célébres par leur fageffe & par leur favoir, quoiqu'ils n'éxercent point la juftice. Vous connaiffez tous ceux qui ont une grande réputation de prudence & de probité & vous favez vous les attacher, & ce n'eft qu'après avoir pris leur confeil, que Votre Majesté fe détermine à publier une loi & à la revêtir de votre autorité & lui donner la fanction. C'eft ainfi qu'en ufaient des princes qui méritaient par leur fageffe & leur maturité de donner des loix aux autres hommes : ils confultaient longtems avant que d'ordonner : ils écoutaient pour être dignes d'être obéis, & ils penfaient à donner une folide autorité à leurs ordonnances par la fageffe & la juftice & non en faifant valoir la leur, en fe contentant de commander. C'eft à l'exemple de ces grands maîtres dans l'art de regner que Votre Majesté prévoit dans un examen férieux, où vous avez foin de confulter les meilleures têtes, toutes les difficultés qui peuvent furvenir, pour n'être pas obligé dans la fuite de changer, d'expliquer, d'abroger des loix, où

tout a été médité, méſuré, & prévu. VO-
TRE MAJESTÉ ſait que tous les princes qui
acceptent ſans réflexion tous les projets qu'un
ſeul miniſtre leur propoſe, ou qui n'appellent à leur conſeil que des perſonnes dont
les lumieres ſont bornées & dont la com-
plaiſance eſt la principale vertu, ne font
que varier & ne laiſſent preſque à aucun édit
ſa premiere forme & ſa premiere diſpoſition.
Ils détruiſent eux-mêmes leurs propres loix,
& ils oppoſent ſi ſouvent leurs volontés à
leurs volontés, leur autorité à leur autorité,
qu'enfin ils accoutument le peuple à ne les
plus reſpecter, & à regarder la facilité &
l'inconſtance du prince, comme une preuve
non équivoque, qu'il ſe laiſſe conduire &
mener comme on veut, & qu'il ne ſait jamais choiſir ſes guides : de ces variations il
réſulte un nombre infini de loix ; car un
édit eſt auſſitôt ſuivi d'une déclaration,
& celle-ci de pluſieurs autres, qui s'ob-
ſcurciſſent mutuellement par des explications
qui font oublier le premier projet. Une
même matiere eſt traitée par des vues différentes. Les premiers motifs diſparaiſſent ;

les difficultés furvenues en prennent la place.
On fait une loi fur une feule raifon : on
én fait une contraire fur une raifon oppo-
fée ; & parce qu'on ne s'eft pas donné le
loifir de tout prévoir avant que d'ordonner,
on ordonne autant de fois qu'on fait de
nouvelles découvertes : & enfin l'on abandonne également & les premieres vues &
les fuivantes , comme imparfaites : & l'on
augmente ainfi le défordre , au lieu d'y
apporter du remede ; car il n'eft point de
plus grand mal dans un état qu'une foule
de loix qui le chargent & l'embarraffent, &
leur multitude a toujours été regardée comme
une preuve certaine d'une mauvaife adminiftration ; parce qu'elle eft l'effet, ou de
l'imprudence qui ne fait pas choifir, ou de
la faibleffe qui ne fait pas exécuter, ou de
l'inconftance qui ne fait rien foutenir, ou
du caprice qui convertit en loix toutes fes
fantaifies. Sous un prince éclairé, fage &
prudent comme VOTRE MAJESTÉ IMPÉRIALE,
il n'en eft pas ainfi, vous regardez la légéreté comme une tache honteufe. Vous croiriez perdre une partie de votre autorité, fi

vous perdiez la réputation d'être ferme, &
vous voulez que tout ce qui doit porter réglement & avoir force de loi, soit examiné avec tant de soin, que vous ne soyez
pas obligé dans la suite d'y faire aucun
changement. Outre les précautions que vous
prenez pour n'être pas trompé, vous con-
sentez que les juges du plus célébre tribunal de vos états, n'enrégistrent les loix que
vous leur adressez, qu'après un examen respectueux, mais libre & sincere. Vous ne
prétendez leur fermer ni les yeux ni la
bouche; vous ne convertissez point en simple formalité, un usage qui assûre encore
plus le prince que le peuple, contre les surprises
que l'on peut faire à sa religion. Vous savez que des personnes sages s'éclairent mutuellement; qu'il est juste d'écouter les séna-
teurs qui ont blanchi sur les tribunaux &
vieilli dans la connaissance des loix & qui
en sont les dépositaires. Vous affermissez votre autorité, en montrant publiquement que
vous n'en voulez user que pour la justice;
vous attirez un respect particulier à vos ordonnances, en exigeant que les premiers ju-

ges, & les plus intégres de vos états, ré-
pondent au public de leur équité. En vou-
lant que les premiers magiftrats de votre
domination autorifent la loi que vous leur
adreffez, vous leur laiffez le pouvoir de le
faire, vous ne les dégradez pas en ne les
confultant que pour la forme. Dans ce cas
ce qu'il y a de plus augufte dans un état
ne ferait plus qu'un vain fpectacle, en dégé-
nérant en vaine cérémonie. Rien n'eft moins
approuvé que ce qui paraît l'être. Tout
paffe à une voix & perfonne n'a parlé, ou
ne l'a fait fincérement. Souvent un morne
filence eft la feule maniere dont opinent les
juges. Quelquefois l'arrèt d'enrégiftrement
n'eft pas prononcé par celui même qui pré-
fide, & le greffier le dreffe comme étant de
pur ftyle. Si quelqu'un ofait dire en mots
entrecoupés quelque chofe, où il parut une
étincelle de liberté, il ferait regardé comme
féditieux & puni comme tel. Ainfi on ne
s'affemble point en ces occafions comme juges, mais comme flatteurs ; & la flatterie eft
fi groffiere, que perfonne ne s'y trompe.
D'où il refulte plutôt une preuve d'impro-

bation, que de confentement. Pour vous, le plus éclairé de tous les Monarques de la terre, vous examinez par vous même, & avec un fage confeil, la juftice & la néceffité d'une ordonnance, vous ne craignez point que des hommes zélés pour votre gloire, & pleins de refpect pour vos volontés, acceptent fans difcernement & fans connaiffance la loi que vous leur adreffez; vous voulez qu'on délibére avec pleine liberté & qu'on approfondiffe ce que vous voulez bien foumettre à l'examen. VOTRE AUGUSTE MAJESTÉ fait que tout prince qui défend toute révifion fur fes édits, fe laiffe conduire par l'infpiration d'un miniftre trop abfolu; que c'eft le plus fouvent l'ouvrage d'un pareil miniftre qui ne peut fouffrir que fon autorité foit balancée par celle d'aucun tribunal, & qui s'applique à humilier ce qu'il y a de plus grand & de plus ferme dans l'état, pour y regner fous le nom de fon maître. Tout fléchit fous le pouvoir arbitraire d'un ferviteur, parce qu'il à fu perfuader fon maître, que l'obéiffance eft l'unique vertu des premiers juges, &

qu'elle doit être aveugle à tel point, qu'elle ne s'informe pas même ſi c'eſt lui qui commande, ou ſi un autre a pris ſa place : d'où il réſulte toujours, que plus un prince affecte d'être abſolu, plus il montre au public la dépendance où le tient ſon miniſtre. Il n'eſt rien qui déſigne plus clairement qu'un prince ſe gouverne lui-même que quand il laiſſe la liberté à des juges ſupérieurs de prendre connaiſſance des loix qu'il leur adreſſe, & d'examiner ſi ſes intérêts qui ſont ceux de la juſtice & de l'état, n'y ſont point bleſſés : c'eſt par une ſuite de ce raiſonnement que VOTRE MAJESTÉ IMPÉRIALE veut être inſtruite de tout, qu'elle eſt en garde contre toute eſpèce de ſurpriſes, & que vous prenez toutes les précautions imaginables pour qu'on n'abuſe pas de votre nom, & de votre pouvoir pour établir rien d'injuſte. Faut-il autre choſe pour parer ce déſordre, & pour en ôter même la penſée ? on a toujours remarqué avec raiſon que quand les remontrances reſpectueuſes ſont permiſes, rarement elles ſont néceſſaires. Les miniſtres n'y veulent point donner occaſion : ils ſont

ſages

ſages & circonſpects ; Ils ne propoſent rien au prince qui ne ſoit digne de lui , de ſa bonté & de ſa juſtice ; rien qui ne ſoit conforme aux anciennes maximes ; rien qui ne tende au bien public. Ne craignons point d'annoncer ici à tous les princes de la terre, que le terme de remontrance ne bleſſât jamais VOTRE MAJESTÉ IMPÉRIALE , parce que vous aimez la vérité, vous la cherchez & vous la préférez à tout. Vous invitez tout le monde à vous la dire ſans fard, ſans crainte ; vous en aimez & vous en eſtimez davantage ceux qui ont le courage de vous la dire ; il n'eſt même pas de moyen plus ſûr pour mériter toute votre protection ; vous ne craignez que le menſonge & la flatterie ; vous regardez comme des qualités eſſentielles dans les magiſtrats, la ſincérité & la fidélité. Vous n'ignorez pas que non ſeulement elles ne ſont point oppoſées à la ſoumiſſion & au reſpect, mais quelles en ſont les preuves les moins équivoques. VOTRE MAJESTÉ ſe tiendrait offenſée, ſi on vous croiait incapable de conſeil, ou ſi l'on craignait de vous déplaire en vous diſant

ce que l'on croirait utile à votre service ;
ce n'est pas que vous vous engagiez à le suivre
toujours, quoique vous vouliez bien l'écouter. Vous ne pouvez, vous dissimuler à vous-
même que vous êtes toujours le maître ;
mais c'est parce que vous êtes le maître,
que vous sentez la nécessité de tout savoir,
& que vous ne souffrez pas qu'un ministre
ôte à des juges la liberté que vous leur
avez donnée. Votre Majesté impériale
consulte en tout la sagesse & la raison, &
vous ne donnez votre volonté pour régle,
qu'autant qu'elle est conforme à la justice ;
vous paraissez en tout l'oracle de la souveraine sagesse ; vous voulez que les loix
soient exécutées, & la justice administrée à
rigueur de droit dans toute l'étendue de vos
vastes états, vous réservant toujours d'adoucir la rigueur des jugemens, consultant en
tout cette prudence qui fait accorder quelque chose aux faiblesses de l'humanité sans
porter atteinte à la sûreté publique.

Toujours prêt à conjurer trois orages
qui menacent les états les mieux organisés,

favoir les crimes, les procès, la guerre; toujours attentif à procurer le bien de vos fujets, avec quelle dextérité vous favez les préferver de ces trois fléaux ! Nous avons vu avec quelle habileté vous avez fu développer les principes qui doivent diriger l'objet, l'établiffement & l'exécution des loix criminelles, toujours plus occupé des moyens de prévenir les crimes que de les punir : qu'il me foit permis d'expofer au grand jour & d'apprendre à toutes les nations avec quelle fagacité VOTRE AUGUSTE MAJESTÉ, a fu démêler les loix civiles & en faifir l'efprit & l'enfemble : Voici d'abord l'idée jufte & précife que VOTRE MAJESTÉ s'eft formée de bonne heure de la juftice; elle eft à vos regards pénétrans une volonté conftante & perpétuelle de rendre à chacun ce qui lui appartient; ou une difpofition d'efprit & de cœur qui nous met en état de fuivre les loix de l'équité, toutes les fois que l'occafion s'en préfente : de forte que l'homme jufte eft celui qui tâche en tout & partout de remplir les devoirs que l'équité lui prefcrit, & l'homme injufte au contraire, celui qui néglige de rendre à un chacun le sien, ou qui mesure la justice, non aux régles du devoir, mais à l'utilité présente qu'il en retire : vous considérez encore d'une manière plus précise ce que c'est que la justice par rapport aux actions ; vous savez que ce n'est autre chose que l'application convenable des actions à la personne qui en est l'objet ; en sorte que la principale différence qu'il y a entre la justice & la bonté d'une action, consiste en ce que la bonté marque seulement la conformité de l'action avec la loi ; au lieu que la justice renferme de plus un certain rapport, à ceux qui en doivent être l'objet ; d'où vient que l'on dit que la justice se rapporte à autrui ; à prendre la justice dans le sens le plus étendu, on peut dire avec vérité qu'elle pourrait elle - seule maintenir l'ordre dans un état, & le mettre en situation de se passer de tout autre réglement utile. En effet si les hommes dociles à la raison se faisaient un devoir de la suivre, auraient-ils besoin de loix, ni d'aucun des ressorts que la politique fait mouvoir tous les jours pour les attacher au

bien public, & les contenir dans une parfaite union les uns & les autres ?

VOTRE MAJESTÉ IMPÉRIALE confidére la
juftice fous deux points du vue différens :
elle eft ou univerfelle ou particuliére. Il eft
une juftice univerfelle dont celle des nations
n'eft qu'une ombre & un léger crayon. C'eft
la fource du droit que nous fuivons & il
eft certain que fi elle regnait fur la terre,
elle fuffirait pour nous gouverner. Quelles
ne feraient pas alors les déliberations dans
nos affemblées, fi elle y préfidait ! le fuccès dans nos guerres, fi nous ne combat-
tions que par fes ordres ! l'état de nos finances, fi on les adminiftrait felon fes vues !
notre police fi elle réglait toutes nos actions !
c'eft cette juftice qui eft le plus ferme appui du trône des rois, c'eft elle qui fait la profpérité des états, ou qui les foutient au milieu des revers, comme dans les fituations
les plus riantes. Elle eft le lien qui unit
les fujets à la patrie, l'ame qui les infpire
dans leurs confeils, qui les foutient dans
leurs réfolutions, qui les rend invincibles

par tout où il s'agit de la défendre: c'eſt elle qui régle l'ambition, qui appaiſe les animoſités, qui détruit la jalouſie, qui fait mépriſer la faveur, qui retient toutes les paſſions ou qui les modére. Sans elle en un mot nous ne pourrions nous acquitter de nos devoirs envers Dieu, ni de nos obligations envers le prochain, ni peut-être auſſi de ce que nous nous devons à nous-mêmes: deſorte que la juſtice univerſelle eſt celle par laquelle on s'acquitte envers autrui de toutes ſortes de devoirs; & la juſtice particuliere eſt celle par laquelle on ne fait préciſément que ce que les autres peuvent nous demander de plein droit.

Votre Majesté impériale n'ignore pas qu'on ſubdiviſe encore la juſtice en commutative & en diſtributive. La juſtice commutative eſt celle qui s'exerce entre les membres de chaque état, par la juſte égalité qui doit s'obſerver entr'eux & par la juſte égalité qui doit s'obſerver entre les particuliers dans les contracts & dans les autres engagemens. La droiture qui eſt la baſe de la juſtice commutative a deux parties, la ſincérité dans les paroles & la bonne foi dans les traités; la ſincerité fait naître la confiance mutuelle, ſi néceſſaire entre les membres d'une même ſociété; la bonne foi dans les traités la conſerve & la maintient. La langue eſt un truchement, par le moyen duquel les ames s'entretiennent enſemble: elle eſt coupable ſi elle les ſert infidélement, ainſi que le ferait un interprète impoſteur qui trahirait ſon miniſtere. VOTRE MAJESTÉ déteſte ces rafinemens de duplicité, ces équivoques, ces ſubterfuges, ces réſervations mentales plus propres à multiplier les menſonges qu'à les faire éviter. On ment toutes les fois qu'on donne lieu volontairement à autrui de croire vrai ce qu'on ſait être faux, ou de croire faux, ce qu'on ſait être vrai. N'eſt-ce point outrager gratuitement les hommes que d'exiger d'eux des ſermens? n'eſt-ce pas les ſuppoſer tout à la fois & capables de mentir, & aſſez ſuperſtitieux pour mettre de la différence entre un menſonge & un parjure? c'eſt peut-être rendre juſtice à quelques uns que de les en croire capables. Par exemple, tel homme qu'on pourſuit en jugement, pour le paye-ment d'une ſomme, on ne produit point contre lui l'obligation par écrit, il ne s'eſt engagé que verbalement, devant ſes juges, il biaiſe d'abord, on le preſſe, il fait un roman, le détaille, le circonſtancie & finit par nier formellement la dette. Cet homme ſort abſous à bon marché, il n'a fait ſim-plement que mentir en préſence de ſes juges & de la foule qui les environne, il s'en eſt tiré à bon marché, ſi on l'eut pris à ſerment peut-être n'aurait-il pas affirmé & aurait perdu ſon procès. Mais peut-on rien conclure à rigueur de cet exemple, en faveur de l'u-ſage établi, d'exiger quelque fois en juſtice le ſerment des parties? Car qui pourrait aſ-ſurer que l'homme dont on vient de parler eut mieux aimé rétracter ſon menſonge, que de le confirmer par un faux ſerment? Mais quand il eut été capable de le faire, ce qui n'eſt pas probable, ne ſerait-ce pas un exem-ple unique qu'on ne peut pas tirer à conſé-quence & qui n'empêche pas qu'on n'établiſſe comme une maxime généralement vraie, que quiconque ment fans fcrupule, fe parjure de même. VOTRE MAJESTÉ IMPÉRIALE trouve avec raifon que le meilleur fecret pour obvier aux parjures : c'eft de ne point exiger de fermens. Vous ne voulez pas même quon interroge quelqu'un fans néceffité, qu'on foupçonne capable de mentir & intéreffé à le faire, parce que ce ferait lui en fournir l'occafion.

QUANT à la bonne foi, ne paraît-il pas affez inutile de la définir? Ceux mêmes qui en font les moins pourvûs, ne l'ignorent pas & ne feraient point fâchés que tous les hommes en euffent pour les duper plus à leur aife; car on n'eft pas fourbe à crédit, c'eft toujours par quelque vue d'intérèt, que l'on trompe & qu'on affronte : pourquoi ces minif-tres impofteurs d'idoles muettes & fans vie avaient-ils forgé des myfteres, des oracles & des prodiges, multiplié les facrifices, inventé des eaux luftrales, des gâteaux, ou des pains facrés ? C'eft que par ces inventions ils aug-mentaient leurs revenus. Tout dogme qui fait vivre eſt celui qui eſt prêché comme le plus légitime, & le plus inviolable.

POURQUOI les gens de loi ont-ils noyé la droite raiſon & l'équité dans un déluge de procédures, de formalités & de chicanes rafinées ? C'eſt pour mettre à profit les démêlés de leurs concitoyens & s'enrichir par leurs méſintelligences.

QU'ON fixe ſes regards pour un moment ſur un certain patelin qui marche les yeux baiſſés, la tête humblement inciinée, coiffé d'un large feutre, vêtu plus que modeſtement ! Pourquoi ce ton doucereux, ces paroles emmielliées, pourquoi ce zéle ſimulé pour les intérêts du ciel, ces lamentations hypocrites ſur l'aveuglement des pécheurs ? N'eſt-ce pas pour lever des contributions ſur les trop ſimples béates qu'il abuſe par ſes grimaces ? Pour terminer un long procès fecond en branches & en incidens, vous tranſigez avec un certain plaideur, même à votre déſavantage. Sacrifice inutile ! ſous le ſpecieux prétexte de ſe prêter à un accommodement, ce plaideur de profeſſion aura ſûrement choiſi cette occaſion pour gagner ſur vous du terrain ; vous avez abandonné une partie de vos droits ; afin de vous aſſurer l'autre, vous n'en ferez pas moins depouillé du tout ; ſecondé par un Tabellion infidéle, il a gliſſé dans la tranſaction des termes équivoques & captieux, dont-il ſaura ſe prévaloir contre vous, & vous aurez ſans vous en être aperçu donné les mains à votre ruine.

COMBIEN n'eſt-on pas à plaindre toutes les fois qu'on eſt obligé d'avoir recours à ces ſuppôts du barreau qui vendent ſi chérement leur miniſtére. Les plus déſintereſſés d'entr'eux, n'exigent le payement que du travail qu'ils ont fait : mais en eſt-il qui ne faſſent que celui qu'ils devraient faire ? N'eſt-il pas paſſé en coutume de ſurcharger les parties d'un vain fatras d'écritures, dont les trois quarts n'ont d'autre utilité que de groſſir le ſalaire de l'écrivain, peu ſcrupuleux ſur cet article ; n'eſt-il pas juſte diſent-ils que nous vivions des ſottiſes des hommes ? Du moins ne devraient-ils pas agir en corsaires avec ceux qui les font vivre.

DANS toutes les professions il 'y a quelque fraude d'usage, dont on ne se fait point de reproche, par la raison qu'elle est universellement pratiquée, & tel marchand laisse subsister, sans scrupule un abat-jour à son magasin qui gérera fidellement la tutelle de son neveu.

JE ne parle point ici des vols & des rapines manifestes, tout le monde sait que c'est un crime inexcusable que de prendre le bien d'autrui à force ouverte: ou du moins il n'y a guéres que les conquérans qui l'ignorent; de plus les gibets, les échafauds dressés, font, ou doivent ètre des leçons frapantes pour les brigands; plut au ciel que ces objets de terreur pussent arrèter leur main. C'est peutètre à quoi du moins la plûpart des hommes font redevables de leur prétendue probité. La maniere de voler, qui se pratique le plus, & dont on rougit le moins, c'est d'emprunter & ne point rendre; c'est un *dictum* reçu

qu'on n'eſt pas fripon pour devoir, cependant on ne vole pas ſeulement en prenant le
bien d'autrui, n'eſt ce pas auſſi voler que de
le retenir. Il eſt vrai qu'il faut diſtinguer
différentes ſortes de dettes. Il en eſt d'innocentes & de criminelles ; les innocentes ſont
celles que la néceſſité a fait contracter &
qu'elle empêche actuellement d'acquitter. Il
en eſt d'une eſpèce mitoyenne qui ſont innocentes par rapport au tems préſent, le débiteur ſe trouvant dans une véritable impoſ-
ſibilité d'y ſatisfaire ; mais criminelles, ſi
l'on remonte à leur origine ; telles ſont celles
qui procédent d'uſurpations injuſtes. Les criminelles enfin ſont celles qu'on laiſſe vieillir
volontairement, quoiqu'on les puiſſe éteindre
& de quelle cauſe qu'elles proviennent. Celui
qui ne riſque que de s'appauvrir & d'être
moins opulent, en négligeant ſa fortune,
peut la négliger s'il veut : mais c'eſt un
crime à un homme qui doit, de faire le
magnanime, en affectant du mépris pour de
l'argent. Il eſt reſponſable envers ſes créan-
ciers de tous les gains qu'il aurait pu faire
honnêtement par ſon travail & par ſon in-

dustrie ; tel est le pied sur lequel VOTRE AUGUSTE MAJESTÉ veut qu'on apprécie les dettes en general, d'où il résulte qu'on trouvera fort peu de débiteurs excusables. Quant à la justice distributive, je me hâte d'en tracer en raccourci le tableau, tel qu'il est présent aux yeux de VOTRE MAJESTÉ IMPÉRIALE.

LA justice distributive est celle qui s'exerce contre les superieurs & les inférieurs, par la dispensation des peines ou des récompenses dûes à chaque action.

SI tous les hommes étaient équitables, on n'aurait pas besoin de la justice distributive : c'est une digue qu'il a fallu opposer à leurs injustes procedés. La plûpart ont confondu l'utile avec l'agréable : ce qui flatte leurs sens, leurs désirs & leurs passions, leur paraît dès-lors utile. Il le serait en effet si ces sens, ces désirs & ces passions étaient toujours réglés par l'équité, mais s'ils ne le font point, ce qui les flatte peut être injuste. Or ce qui est injuste, ne saurait être utile : & voici sur quelle preuve VOTRE MAJESTÉ éclairée fonde cette maxime. . . . . Rien n'eſt utile que ce qui tend à nous rendre heureux: la ſuprème utilité c'eſt le ſouverain bonheur, & c'eſt à ce bonheur, que ſe rapporte comme à ſa fin unique tout ce qui merite le nom d'utile; tout ce qui n'y tend pas, eſt indigne de ce nom. Or ce qui eſt injuſte, loin d'y tendre nous en détourne: car ce qui eſt injuſte, eſt contraire au vouloir divin; or il n'eſt pas poſſible que nous ſoyons heureux en réſiſtant à ce vouloir, puisqu'il a préciſément notre félicité pour objet. Dieu n'eſt point un tyran fier d'un deſpotiſme abſolu, qui ne nous impoſe des loix que pour exercer notre obéiſſance & nous faire ſentir la péſanteur de ſon joug: tous ſes préceptes ſont des leçons qui nous apprennent à être heureux; or Dieu veut que nous ſoyons juſtes; donc il n'eſt point de véritable bonheur pour quiconque ne l'eſt pas; donc une action qui bleſſe la juſtice, étant contraire à la volonté de Dieu, elle l'eſt auſſi à notre félicité; & par conſéquent loin de nous être utile elle nous eſt préjudiciable & funeſte. Mais les hommes charnels & groſſiers qui ne s'occupent que du préfent, qui ne voyent que par les yeux du corps, qui n'eftiment le mérite des actions, qu'à raifon du profit qui en revient, n'ont pas laiffé d'établir une diftinction entre la juftice & l'utilité. Tous les jours ils mettent en balance l'utile avec l'honnète; & c'eft toujours ce dernier qui eft facrifié à l'autre, lorfque l'utilité prétendue leur paraît mériter quelque confidération: or ils la fuppofent importante à proportion de la vehémence de leurs défirs: auffi n'ont-ils d'égards pour la juftice qu'autant qu'ils comptent y gagner: ou du moins n'y rien perdre; toujours prêts à revenir fur leurs pas pour préférer l'utile, fi l'équité les expofe à quelque danger, ou peut leur coûter quelque perte.

DE là ces démêlés d'interêts que fufcitent & entretiennent entre des concitoyens, l'avidité des richeffes, & la mauvaife foi: delà tous les crimes qui ont inondé le monde. Cette préférence qu'on donne à l'utile fur l'honnète, eft la fource de tous les procès injuftes & la caufe de tous les forfaits.

COMME il ne suffit point à un Législateur, d'être sage, & judicieux, s'il n'a aussi une autorité suffisante pour faire exécuter ses loix: on a déféré la puissance legislative à ceux d'entre les hommes qui avaient dejà sur les autres une prééminence reconnue: la justice distributive a été l'apanage des Souverains, afin qu'elle ne fût point arbitraire, ils publiérent des ordonnances solemnelles, pour servir au réglement des différends les plus ordinaires dans la société, & reprimerent l'audace des méchans, en les intimidant par la crainte des supplices ou de l'ignominie. S'il survenait quelques cas qui n'eussent point été prévus, ils en tiraient la décision de cette même équité naturelle qui leur avait dicté les loix générales. Ils rendaient alors la justice en personne & la rendaient sur le champ. Surchargés dans la suite, d'un plus grand nombre d'affaires par l'accroissement de leur domination, ou distraits du soin de la police, par le commandement des armées, ils en remirent l'exercice entre les mains des juges subordonnés, qu'ils revêtirent pour cet effet d'une partie de leur autorité: on appella magiftrats, ces juges commis par les Souverains; & ce font ces magiftrats qui adminiftrent la juftice : il s'agit maintenant de voir comment VOTRE MAJESTÉ IMPÉRIALE veut que la juftice foit adminiftrée dans fes états. Mais avant que de tracer le plan que vous avez formé à cet egard, il n'eft peut-être pas inutile d'ébaucher celui d'une jurif-prudence univerfelle qui ne peut être que le fruit de l'étude d'un génie fupérieur, feul capable d'immortalifer VOTRE MAJESTÉ IM-PÉRIALE. Voici comment VOTRE MAJESTÉ IMPÉRIALE à envifagé ce labyrinthe d'un coup d'œil rapide mais fûr.

TOUTES les parties de la jurifprudence font liées par un fil commun; en vain connaitrait-on une branche, fi on n'avait vu la liaifon du tout (*) cette compilation indigefte qu'on nomme le droit écrit ou le droit romain, qui fut introduit en Allemagne à la fin du quatorzieme fiècle : tems auquel les docteurs formés dans les univerfités, à la fcience des

---

(*) Le même inconvénient eft auffi en France où une grande partie du royaume eft régie par le droit romain.

loix romaines exercerent les fonctions de juges
& d'avocats, & inftruifirent les procès felon
le droit romain. Toutes les défect ofités de
cette compilation confufe fubfiftent encore
aujourd'hui en Allemagne; & on y remarque
encore à la honte de la raifon, la contrariété
du droit romain avec celui de l'Allemagne,
de même que quantité de tréboniens modernes
qui ne font qu'augmenter la confufion &
furcharger le public de leurs décifions &
de leurs interprétations burlefques. On fait
que les Romains ne changeaient ni les ufages, ni les loix des peuples vaincus; ce font
donc les loix romaines qui ont fait par leur
fageffe la conquête du monde connu; mais,
combien de changemens ces loix n'ont-elles
pas éprouvé par les ufages nationaux, dans
les pays même où elles confervent l'autorité
législative. VOTRE MAJESTÉ IMPÉRIALE ne
voit dans toute cette confufion, qu'un dédale
d'où il ferait impoffible de fortir. Voilà pourquoi VOTRE MAJESTÉ toujours infpirée dans
ce qu'elle entreprend, à conçu le grand projet de réduction de toutes les loix, à une
feule; cette loi unique fera commune à toutes

les provinces de vos vaſtes états ; c'eſt depuis pluſieurs ſiècles le vœu général des peuples, l'objet du travail des magiſtrats les plus éclairés de l'Europe ; travail immenſe il eſt vrai, mais qui n'eſt pas impraticable dans l'exécution. De ce travail même, des circonſtances & des révolutions que l'Empire Germanique a eprouvées, on y a vu éclorre comme dans tous les pays où le droit romain eſt encore en vigueur, on a vu dis-je éclorre un troiſieme ordre de loix, c'eſt-à-dire les ordonnances. Que de gémiſſemens votre cœur déchiré de pitié n'a-t-il pas pouſſé à la vue de cette immenſité de loix, qui eſt encore regardée comme inſuffiſante ! Combien de fois la juriſprudence des cours ſouveraines ne les a-t-elle pas interprètées, tordues ou modifiées ſelon les circonſtances ? il eſt même encore quantité de points de droit qui ne ſont encore décidés que par des réglemens proviſoires, ſur-tout en France. N'en ſerait-il point ici de la plus grande partie de l'Allemagne, comme de la France, où la ſeule matiere de la perception des revenus de l'état forme un code très-étendu ; d'autant plus difficile que tout y eſt poſitif, & qu'à force de tout prévoir, on eſt parvenu à multiplier la fraude qu'on voulait prévenir.

ENFIN il exiſte une autorité indépendante à certains égards de la juriſdiction temporelle, des miniſtres d'une religion que Dieu a apportée ſur la terre, ſujets du Prince & ſes paſteurs dans l'ordre ſpirituel; des biens deſtinés à la Majeſté du culte & à l'entretien de ſes miniſtres, des priviléges, ou des prétentions provenues de l'ignorance des ſiècles antérieurs, & de cés ſources de tous les maux comme de tous les biens, l'amour propre & l'ambition. Combien de loix eccléſiaſtiques & ſéculiéres ont été employées à arrêter les entrepriſes d'une puiſſance habituée pendant pluſiers ſiècles, à diviniſer tout, pour ſe l'approprier: depuis la réformation on peut encore diviſer le droit eccléſiaſtique en deux parties, l'une qui oblige les chrétiens catholiques, & qu'on nomme le droit canon; l'autre qui oblige les chrétiens proteſtans, & qu'on appelle le droit conſiſtorial, ou le droit eccléſiaſtique de l'égliſe proteſtante. Quoique

cette églife ait confervé beaucoup de principes & de décifions & d'ordonnances du droit
canon même, ce n'eft pas un petit inconvénient dans le proteftantifme que les limites
de l'autorité du droit canon ne foient pas
exactement marquées & que perfonne ne
fache à quel point & dans quel cas fes décifions & fes maximes obligent ces mêmes
proteftans : quoiqu'on en puiffe dire, leurs
tribunaux eccléfiaftiques fuivent l'analogie du
droit canon, & là ou fe taifent les loix des
fouverains, il eft adopté par l'ufage. Mais de
toutes ces loix tant eccléfiaftiques que féculiéres
ne réfulte-t-il pas un cahos qu'il eft impoffible de débrouiller ? la vie humaine pourrait
à peine fuffire pour connaître les difpofitions
pofitives de toutes ces loix; dans quel tems
pourrait-on fe flatter d'en faire ufage ? Cette
connaiffance particuliere doit être regardée
comme inutile, puis qu'elle eft en partie
impoffible : mais la connaiffance du lien qui
unit les loix entr'elles, & des matieres qui
font d'un ufage plus habituel, cette connaiffance dis-je eft indifpenfable. Ce lien com-

mun eſt le droit naturel, qui ſe réduit chez toutes les nations à un ſeul principe.

FAITES pour les autres ce que vous voudriez qu'ils fiſſent pour vous.

DE ce principe comme d'un point central, VOTRE MAJESTÉ conſeille à tous les jeunes juriſconſultes, de conſidérer le droit général & particulier de toutes les nations.

SI les hommes n'euſſent pas été corrompus, cette régle gravée dans leur cœur leur eut ſuffi, & il n'y aurait point eu d'oppreſſeur, & par conſéquent point d'opprimé. Mais les propriétés s'étant établies par l'uſurpation des plus forts, les faibles ont été obligés de ſe réunir pour leur réſiſter. (*) De-là l'inſtitution des gouvernemens & tout le droit public, dont tout juriſconſulte, doit ſavoir au moins bien les principes, tant par la liaiſon eſſentielle qu'ils ont avec le droit privé, qu'à cauſe des matieres relatives à ce droit qu'il peut avoir occaſion de traiter.

____

(*) Etabliſſement du droit public.

(*) LA terre n'étant plus commune à tous, les différens peuples ont été obligés de fe maintenir dans le terrain qu'ils occupaient, & la poffeffion conftante eft devenue le premier comme le plus facré de tous les titres. Le terrain de chaque nation s'eft divifé entre les particuliers qui la compofaient; quelque fois en vertu de la puiffance publique qui réfidait dans la nation ou dans le chef qu'elle s'était choifi; quelque fois par l'ufurpation des particuliers, fource vicieufe en elle même; mais qu'il ferait dangereux d'attaquer, lorfqu'une poffeffion ancienne l'affermit.

(†) LES befoins & les paffions des hommes ont changé cette premiere divifion des propriétés. Ils ont voulu récompenfer ceux qui leur avaient fait du bien, punir ceux qui leur avaient nui; de-là les échanges, les donations & tous les contrats dont l'argent n'eft pas effentiellement la bafe.

(*) Divifion des propriétés particulieres, fource du droit privé.

(†) Origine des premiers contrats.

(*) On a creusé la terre; on en a tiré ces métaux précieux qui sont devenus par leur rareté le signe des valeurs.

Le contrat de vente & le prêt en argent ont pris naissance; les valeurs de convention ont été substituées aux valeurs réelles. des hommes avides ont abusé des besoins des autres, il a fallu des loix pour les réprimer.

(†) L'amour, ce lien commun de tous les hommes, l'amour qui éprouve notre cœur dès que nous commençons à nous connaître, le plus précieux don de la nature, lorsqu'il est renfermé dans les bornes qu'elle lui a prescrites; mais le tyran le plus dangereux pour celui qui s'y abandonne, est devenu une source de licence & de désordres. Il a fallu maintenir par des loix, la sainteté des mariages, & assûrer la distinction des familles.

____

(*) Conventions dont l'argent est le principe.

(†) Loix relatives aux mariages & à la distinction des familles.

(*) LA mort du poffeffeur eut fait entrer les propriétés particuliéres dans la communauté générale : nouvelle fource d'ufurpation, fi on n'eût établi des loix pour tranfmettre la propriété d'une génération à une autre. Les hommes ont voulu s'ériger en Legislateur & fe procurer une forte d'immortalité, en difpofant de leurs biens pour le tems où ils ne pourraient plus les poffeder, les loix ont compati à cette faibleffe ; les teftamens ont pris naiffance.

(**) MAIS toutes ces loix euffent été impuiffantes, s'il n'y eut eu dans le corps de la nation ou dans le chef une autorité toujours fubfiftante. Il a été néceffaire d'établir des peines pour réprimer les crimes, & des magiftrats, organes de la loi, pour la faire exécuter.

(*) Néceffité de tranfmettre les biens d'une génération à l'autre, fource des loix relatives aux fucceffions légitimes & teftamentaires.

(**) Loix criminelles & de police, néceffaires pour affûrer l'obfervation de toutes les autres.

(*) LE crime arrêté de toutes parts, a fait des efforts pour fe dégager de fes liens.

LA fraude a été fubftituée à la force, tous les faits font devenus incertains.

ON n'a pu prévenir ces abus que par l'établiffement d'une forme légale pour affûrer la preuve des faits.

L'INNOCENCE & la juftice ont été quelquefois victimes de la rigueur de cette forme inventée pour les protéger; c'eft l'effet de l'infirmité des hommes, qui ne peuvent arrêter le progrès du mal, que par des voies fujettes elles-mêmes à des inconvéniens.

LES foins du Légiflateur ne fe bornent point aux objets qu'on vient de parcourir; il eft jufte que le commerce, la fource de toute profpérité dans une nation, fixe auffi fon attention. Comme les fuccès du commerce font fondés fur divers principes fondamentaux, ne faut-il pas qu'il ait auffi un

---

(*) Néceffité d'une forme légale pour affûrer la preuve des faits.

droit particulier conforme à ces principes;
mais ce droit doit être combiné avec le droit
de la mer & le droit cambial, parce que la
liaifon intime du commerce, de la marine &
du change ne permettent pas de les féparer;
ces trois objets d'ailleurs ne forment-ils pas
naturellement une feule & même matiere.
La plûpart des nations, fur-tout celles qu'on
nomme *commerçantes* par excellence, ont fait
un grand nombre de loix pour le commerce, la
marine & le change dont on a formé tantôt
des codes complets, & tantôt de fimples recueils, fous le titre d'ordonnances. N'eft - il
pas naturel qu'un jurifconfulte appellé à juger
des cas de commerce, ou à plaider des caufes
mercantiles, connaiffe ces loix & ces réglemens, & en faffe une étude férieufe, & que
ceux même qui exercent le commerce en fa-
chent la jurifprudence. Il eft vrai qu'on n'a
jamais réduit ces objets en un vrai fyftême;
on n'en a jamais fait une difcipline réguliere;
en a-t-on jamais rangé les matieres dans un
ordre naturel, ni établi les principes de
chaque matiere, ni rapporté les loix qui les
décident, ou expliqué ces loix, ou enfin fait

des applications justes aux cas particuliers ? du moins si un tel ouvrage existe, j'avoue qu'il m'est tout à fait inconnu, & sa réputation n'est pas parvenue jusqu'à moi.

LES nations qui ont reconnu les immenses avantages que procure le commerce, & qui ont entendu ses vrais intérèts, lui ont accordé d'abord toute le liberté dont il est susceptible. Cette liberté est l'ame de tout commerce, mais ce n'est pas une liberté illimitée & sans bornes. Il n'est pas permis à tout citoyen de négocier avec tout ce qu'il veut & de quelle maniere il veut; mais il lui est permis de tirer tout le parti possible de son négoce particulier, en tant qu'il est toléré par l'état & qu'il ne nuit pas aux intérèts de la société & du commerce général; la liberté du commerce consiste encore en ce que chaque négociant, chaque sujet puisse savoir d'avance avec quelles marchandises, & comment il lui est libre de négocier sans craindre qu'on fasse contre lui, des loix après coup & dépendantes du caprice du souverain ou de ses ministres. C'est ainsi

qu'en Angleterre, en France & en Hollande
les pays les plus libres & les plus com-
merçans qu'on connaisse, plusieurs branches
de commerce sont, ou totalement prohibées
ou permises à de certaines conditions, ou
sous de grandes restrictions. Le jurisconsulte
doit par conséquent s'appliquer à connaître
par les loix de l'état, quel est le commerce
permis ou quelles sont les restrictions qu'on
lui donne. La perte du tems est une perte
énorme pour le commerce général. On suppose donc 1. que la sagesse des loix a pourvu à cette perte; que les loix pour les affaires du commerce ne sont ni trop multipliées ni trop subtiles : 2. que la forme des
procès pour ces affaires est courte, nulle-
ment hérissée de chicanes ou de formalités.
3. Qu'il y a des tribunaux particuliers établis pour décider sur les cas, sur le champ;
4. que les sentences doivent être promptes
& briéves; 5. que l'exécution de ces sentences doit aussi les suivre à l'instant, sans
difficulté, sans retardement, & sans beaucoup de frais ou de dépenses. Les juges &
les avocats ne doivent jamais perdre de vue

ces maximes, mais les étudier & en faire
l'application.

Il faut connaître le tarif des impôts, que
les marchands payent à la douane. Ce n'eſt
pas l'affaire du juriſconſulte d'examiner ſi
ces impôts ſont calculés ſur une juſte proportion. Cet examen regarde le financier.
Mais le premier doit ſavoir ce que les loix
ordonnent à cet égard & doit veiller à ce
que le négociant ne ſoit pas expoſé à perdre par les chicanes, les vexations & les
lenteurs ordinaires des douaniers, un tems
qui lui eſt ſi précieux : mais il faut que
toutes les expéditions s'y faſſent avec promptitude, douceur & facilité.

Le troiſieme grand principe des ſuccès du
commerce eſt le crédit fondé ſur la confiance
publique. Toutes les loix doivent aboutir à
favoriſer le crédit & à encourager cette confiance : toutes les loix qui donnent des entraves au crédit, qui diminuent la confiance, ſont défectueuſes & abſurdes. Le juriſconſulte doit toujours ſuppoſer que l'ef-

prit de cette régle regne dans chaque loi du
commerce, & ne jamais la perdre de vue
dans l'application qu'il en fait aux cas qui
fe préfentent. C'eft auffi fur ce principe
inconteftable que font fondées plufieurs maximes du droit cambial & fur-tout la foi
qu'on donne aux livres des négocians, &
une infinité d'us & coutumes du commerce.
Outre les loix écrites pour le commerce, il
y a encore des coutumes générales & fondées fur l'analogie du droit des gens qui en
réglent diverfes parties, & d'autres ufages
reçus dans chaque pays en particulier. C'eft
de quoi il eft également très à propos de
s'inftruire à fond, & s'il naît quelque conteftation épineufe, entre un négociant étranger, & un négociant regnicole, la décifion
fondée, foit fur les loix pofitives, foit fur
le droit coutumier, doit toujours pencher
un peu en faveur de l'étranger, parce que
cette équité généreufe eft très-propre à augmenter la confiance & le crédit d'une nation au dehors, & que l'état en retire un
avantage mille fois plus grand qu'il ne ferait en favorifant de plus fon pays ; vu

qu'en

qu'en général rien n'eſt ſi petit, ni ſi miſérable, que l'avidité de conſerver contre vent & marée l'argent dans l'état, dans des cas où il en pourrait ſortir avec avantage, & ces cas ſont plus fréquens qu'on ne penſe.

POUR conſerver auſſi cette confiance publique & ce crédit au dehors, les nations qui exportent leurs denrées & leurs manufactures, ont jugé néceſſaire de déterminer par des ordonnances particulieres les qualités eſſentielles, ſans leſquelles on n'en permet point l'entrée & on les confiſque même ſouvent. Tous ces objets demandent bien des connaiſſances de détail & une grande application. Les monnaies ſont intimement liées avec le commerce, & c'eſt au ſouverain aſſiſté de ſon conſeil des finances, à en régler le titre, le taux, l'aloi & le cours. Mais le juriſconſulte ne doit pas être tout à fait ignorant dans cette matiere : il doit ſavoir les loix & réglemens qui ont été faits dans ſon pays, chez ſes voiſins & chez les principales nations de l'Europe ſur les monnaies,

Tome II.   O

& connaître les principes sur lesquels ces ordonnances ont été établies. Les repré-sentations des monnaies ou les papiers ont aussi leurs loix, & elles sont très - essen-tielles. Parmi ces représentations, les lettres de change occupent la premiere place & tiennent immédiatement au commerce. Il n'y a pas de nation policée qui n'ait fait des réglemens pour le change, & de-là est né le droit *cambial*, qui exige une étude ré-fléchie.

Il y a régulierement quatre personnes intéressées dans chaque lettre de change. 1. Le tireur, qui donne ou vend la lettre de change payable dans un autre endroit ; 2. le *remettant* qui achette cette lettre de change, & l'envoie à son correspondant pour en recevoir le paiement. 3. L'endossé ou le présentant qui est le correspondant étranger au-quel ce payement a été assigné, en mettant sur le dos de la lettre de change, payable à un tel ; & l'acceptant qui est celui à la charge duquel cette lettre de change a été tirée, qui à la premiere présentation est obligé d'écrire le mot *accepté* fur cette lettre de change, & payer lors de l'échéance. Les loix doivent toujours pencher en faveur du remettant, parce qu'il ne faurait être de mauvaife foi, ayant été obligé d'acheter & de payer argent comptant, un fimple papier fur le crédit & la confiance qu'il a mis dans le tireur.

Le refte de la terminologie du droit cambial, l'explication de chaque terme, les principes fur lefquels chaque ufage eft fondé, tout cela demande une étude affez vafte, & il eft bon de fe mettre bien au fait de ce qu'on entend par les mots de, cours de change, courtier, *préfentation*, *proteftations ufance*, *non paiement*, & d'une infinité de termes techniques pareils. La judicature prompte & expéditive des affaires du change ne faurait affez fe recommander; les lettres de change qu'un débiteur donne à fon créancier, & en vertu defquelles il s'oblige à le payer au bout d'un certain tems fixé & limité, n'appartiennent pas proprement au droit cambial; ce ne font que des efpèces

d'obligations qui exigent un paiement exact,
& une prompte juſtice ; mais qui ſont plutôt du reſſort du droit civil.

CHAQUE pays qui a une navigation, a
auſſi ſon code de marine & ce code eſt très-
vaſte, parce que les objets ſont immenſes.
La terminologie même en eſt effrayante &
tout cela demande une étude particuliere;
cependant un juriſconſulte qui habite dans
un port de mer, ou chez un peuple qui
exerce le commerce maritime, ne ſaurait
s'en paſſer. Si dans un pareil pays il ne ſe
trouve pas de code complet, il fera bien de
compiler toutes les ordonnances de marine
qu'il peut trouver détachées, d'en former
un recueil, de les arranger ſelon l'ordre des
matieres, d'en faire un bon indice & de ſe
les rendre familieres.

LA matiere des aſſurances, des avaries,
du droit de varech, de péages, des fonctions,
charges & droits des *Lamaneurs* ou Locmans,
eſt intimement liée avec celle de la navigation; & la plûpart des codes de commerce

& de marine contiennent des loix & ordonnances très-claires & très-détaillées fur
ces objets importans, qui toutes appart en-
nent à la jurifprudence mercantile, & que
l'homme de loi qui exerce fon métier chez
un nation commerçante, doit connaître à
fond. On vient de voir l'origine & la fuite
des principales loix, admifes chez tous les
peuples, diverfifiées par leurs befoins, par
leurs ufages, par la fituation des lieux, par
la nature du climat & de l'efprit national,
enfin par le plus ou moins de fagacité &
de fageffe dans les légiflateurs.

LE jurifconfulte pénétré de ces premieres
notions, les appliquera aux loix particulieres
de fon pays ; il fe familiarifera particulierement avec celles des loix pofitives qui
font d'un ufage plus fréquent. C'eft dans
l'étude des textes qu'il les apprendra, ces
textes font la loi. En la méditant il en fai-
fira l'efprit, il la placera dans la chaîne des
principes généraux; il prévoira toutes celles
qui en doivent être la conféquence; & pé-
nétrant dans l'étude des loix, il aura fou-

vent la fatisfaction de voir qu'il s'était ren-
contré avec les législateurs, avant de connaître leurs difpofitions ; je dis en méditant
les loix, car on oublie avec facilité ce qu'on
a appris fans travail.

(*) LES abrégés ont cet inconvénient,
c'est une analyfe, qu'il faudrait retenir toute
entiere. Celui-même qui aurait une mémoire
affez exacte pous y réuffir ne ferait pas beaucoup avancé.

(**) ON doit parler ici de la mémoire
que Ciceron a regardée comme la qualité
principale du jurifconfulte : *memoriam jurif-
confultorum*. Elle eft effentielle au jurifconfulte, puifque les loix font fi multipliées.
Mais ce n'eft pas cette mémoire purement
mécanique fur laquelle les objets s'impriment
avec toute la vérité de l'original ; mais qui
perd avec la même facilité qu'elle reçoit :
femblable à une cire molle dont les impref-

(*) Des abrégés.

(**) Mémoire néceffaire au jurifconfulte.

fions fe confondent, pour ne former qu'un affemblage monftrueux. Je parle de cette mémoire qui eft le fruit du jugement & de l'analyfe mathématique, à laquelle les mots échappent, mais les chofes fe fixent par la liaifon qu'elles ont entr'elles; qui ne retient que parce quelle s'approprie les matieres auxquelles elle s'applique, ce qui lui donne une folidité, portée dans quelques génies au point qu'ils n'oublient jamais ce qu'ils ont appris, tel que Mr. Pafchal. Les abrégés font inutiles à ceux à qui la nature a fait ce préfent, pour faifir l'enfemble d'une matiere étendue. Mais ils ne retiendront les détails qu'autant que par une étude plus profonde, ils les appliqueront dans le plan général qu'ils auront tracé. C'eft l'effet que doivent produire les excellens abrégés que nous avons en jurifprudence tels que les inftituts d'Argou, feuls fuffifans pour former un jurifconfulte français, s'il était poffible en s'y bornant, de les favoir parfaitement.

Les préfaces de Domat font plus utiles encore, en ce quelles rappellent perpetuellement les loix pofitives à leur fource, le principe unique de la loi naturelle. Ces abrégés ferviront à former le plan d'étude du jurifconfulte, & pour raffembler les connaiffances qu'il aura acquifes par un travail plus étendu. Il faut bannir de fes études les anciens commentateurs, parce que trop attachés à l'efpèce de tradition, qui règnait alors dans toutes les fciences, & fe copiant les uns les autres, ils ont plus perpétué les erreurs, qu'ils n'ont découvert la vérité. Il faut cependant en excepter Dumoulin, d'Argentré, Loifeau & Cujas.

Les deux premiers dans un fiècle attaché à cette fauffe érudition, ont porté l'efprit philofophique dans la jurifprudence.

Dumoulin eft un guide fûr dans la matiere des fiefs, partie fi néceffaire au jurifconfulte, & fi étendue par la multiplicité & la bizarrerie de fes régles que par les connaiffances hiftoriques qu'elle exige. Aucune partie du droit civil & eccléfiaftique français ne lui à échappé & il les a traitées toutes avec la même profondeur.

LE même génie se trouve dans d'Argentré son antagoniste, avec l'avantage que lui donne la pureté de son style, sa précision, & la fertilité de son imagination, par lesquelles il peut servir de modèle non seulement au jurisconsulte, mais à l'orateur. Il eut été supérieur à Dumoulin s'il n'eut sacrifié la bonne cause au désir de contredire son rival.

(*) LOISEAU s'est borné à des traités particuliers ; mais ces traités, par leur liaison avec le tout, répandent une lumière universelle. C'est le Montagne de la jurisprudence, aussi naïf, aussi philosophe, aussi savant, mais plus exact & moins sceptique.

(**) Cette loi qui a fait l'admiration de l'univers, si simple que les décemvirs l'avaient redigée sur douze tables d'airain, avait eu besoin de tant de commentaires que le seul digeste, premiere partie du corps de

____

(*) Loiseau.
(**) Cujas.

droit de Juſtinien eſt l'extrait de dix mille volumes.

CET extrait quoique compoſé par les juriſconſultes les plus célébres, par l'ordre & par les ſoins d'un Empereur zélé pour ſa perfection, ſerait inintelligible dans pluſieurs parties, ſi Cujas n'avait entrepris de percer le cahos immenſe, que les ſiècles d'ignorance avaient mis entre lui & les rédacteurs du corps de droit, pour rendre ces loix aux textes originaux dont elles avaient été tirées. Qui croirait que le caractére diſtinctif de l'auteur de tant de volumes eſt ſon étonnante briéveté ! C'eſt l'éloge que lui donne Vinnius (*) & qui lui ſera confirmé par tous ceux qui étudieront ſes ouvrages. Voilà toute la juriſprudence civile parcourue, mais on n'a point encore abordé le droit canonique.

LE dogme d'une religion révélée a été reçu par tous les peuples. Il s'agiſſait de

____

(*) Epitre dédicatoire de ſes notes ſur les inſtituts.

diftinguer cette religion de celles qui en ufurpaient fauffement le nom. Cette lumiere a paru dans le chriftianifme & la conviction du monde en a été le fruit. Puifque Dieu nous a donné la raifon, il nous permet d'examiner les preuves de la révélation, à laquelle la raifon nous oblige de nous foumettre,

PENSER autrement, ce ferait confondre l'autorité légitime de la véritable religion, avec l'autorité tyrannique des autres. Cette étude eft plus particuliérement le devoir du jurifconfulte, par l'influence de la religion dans le gouvernement des états. (*) Si des preuves de la religion on paffe aux loix qui conftituent la difcipline éccléfiaftique, & au droit canonique; un principe unique, contenu dans l'Evangile, détermine les limites de deux puiffances, toutes deux divines & indépendantes l'une de l'autre. Mon royaume, dit J. C., n'eft pas de ce monde.

LA morale evangélique eft le développement de la loi naturelle, qui affujettit par la pro-

____

(*) Le droit canonique fondé fur un feul principe.

meſſe des récompenſes ſpirituelles & éternelles, & par la menace des peines de même nature.

Les miniſtres de l'égliſe ſont établis pour enſeigner cette doctrine; leur devoir eſt de concourir à l'exécution des loix que le prince maintient par la force.

Mais quand on s'approche de ces limites poſées par Dieu mème, & qu'on y joint les faits que l'hiſtoire de l'egliſe nous a tranſ- mis, quels prétextes le mélange des actes extérieurs avec le culte intérieur n'ont-ils pas fournis à l'ambition, pour déshonorer la religion par une uſurpation mondaine.

Les honneurs accordés par des Princes reli- gieux aux miniſtres de l'égliſe, les biens dont la piété des fidéles & celle des ſouverains les ont comblés, ont été autant d'occaſions de confondre ce qu'ils tenaient de la puiſſance temporelle avec l'autorité ſpirituelle, dont-ils ne ſont comptables qu'à Dieu ſeul. Les tems ont donné naiſſance aux fauſſes décrétales & aux erreurs qui en ont été la ſuite. Les Rois deFrance ont gemi d'être obligés de reprimer ces abus; les Cours Souveraines les ont arrêtés; les plus faints Evêques ont concouru à réduire l'autorité fpirituelle à fes bornes légitimes; les anciennes régles de la difcipline eccléfiaftique ont été confervées dans ce recueil, que la cour de Rome a appellées les libertés de l'Eglife Gallicane.

Les décifions des Conciles, les ordonnances des Rois & les arrèts des cours, forment aujourd'hui un code particulier en France, qui eft auffi étendu que celui des loix civiles; mais plus difficile par les contradictions que le combat perpetuel des deux puiffances y a laiffées. Les biens donnés à l'églife font devenus une claffe de poffeffions diftinctes de toutes les autres, qui a fes regles particulieres: fimple fi on remonte à l'origine de ces revenus affignés à la fubfiftance des miniftres, à la décoration du culte & à la nourriture des pauvres; mais la plus embaraffée par l'avidité avec laquelle ils ont été recherchés; par les changemens que leur deftination naturelle a effuyées, par les reformes qui ont engendré de nouveaux abus, enfin par les tempéramens qu'on a employés, pour concilier les intérêts des fujets des Princes, avec l'autorité ufurpée par les Pontifes Romains.

Telle eft l'étendue de la fcience du droit, qui fournit la matiere aux exercices journaliers du jurifconfulte.

MAIS qu'il me foit permis ici d'ajouter à l'étude effentielle du jurifconfulte les connaiffances acceffoires dont-il a befoin; en faveur des contrées où j'écris je vais parcourir toutes celles qu'on doit confeiller à ceux qui fe vouent au Barreau.

(*) L'ÉTUDE de l'hiftoire, (& fur-tout de la nationale) peut feule fixer dans l'efprit du jurifconfulte les véritables principes du gouvernement, & lui apprendre quelle eft cette poffeffion ancienne qu'on ne peut ébranler,

____

(*) Néceffité de l'hiftoire, pour parvenir à la connaiffance du droit public.

fans altérer les fondemens de la tranquillité publique & fans menacer les états d'une ruine prochaine.

(*) ENFIN l'hiftoire eft une forte de philofophie pratique, où l'on découvre le bien & le mal que les paffions ont produit dans le monde. Il eft vrai que cette connaiffance eft infuffifante, fi l'on n'y joint le commerce du monde; leçon vivante plus utile que celles qu'on peut prendre dans les livres. Ces deux leçons fe prêtent un mutuel fecours. Le commerce du monde apprend une multitude de détails que l'hiftoire n'a pu recueillir; il ôte à la fcience fon aridité naturelle, & l'hiftoire empêche que nous ne nous arrètions aux mafques, que les hommes ne prennent que trop fouvent pour cacher leurs vices.

(**) L'ÉTUDE de la philofophie eft d'une abfolue néceffité; mais qu'il eft dangereux

---

(*) Autre avantage de l'hiftoire.

(**) Néceffité de la philofophie.

de l'étudier dans les auteurs de notre siècle,
accufés, non fans fondement, de n'avoir pas
affez refpecté cette autorité devant laquelle
toute la raifon humaine doit fe confondre.
Ciceron affûrait qu'il avait trouvé plus de
préceptes d'éloquence dans les livres des
philofophes que dans ceux des rhéteurs. (*)
Mais le fort de l'éloquence n'eft-il pas malheureufement de fervir également le menfonge comme la vérité; Ciceron lui - même
ne l'a-t-il pas employée avec fuccès, pour empêcher des coupables d'être punis. Renverra-
t-on le jurifconfulte à l'étude des anciens
philofophes, qui plaçaient la vertu dans une
région inacceffible à l'humanité, ou à celle
des peripateticiens modernes, ces vains dé-
clamateurs, qui ont ajoûté le pédantifme de
l'école à la fubtilité des dialecticiens. (*) Montagne eft le premier en France qui ait af-
franchi l'homme de ces entraves. Efprit né

pour

(*) Ego fateor me oratorem, fi modo fim, non ex
rhetorum officinis, fed ex academiæ fpatiis extitiffe. Cic. de
oratore.

(†) Montagne.

pour la liberté philofophique, fes écrits dans leur défordre, ont un caractére original, une énergie de ftyle inimitable. Il exprime tout ce qu'il penfe, mais il penfe jufte & fortement, & fait penfer les autres de même. C'éft peut - être le feul homme qui foit parvenu à ne point ennuyer en parlant toujours de lui; la raifon en eft qu'avouant fes faiblef-fes comme fes vertus, le tableau qu'il fait de lui-même eft celui de l'humanité. Heureux fi trop enthoufiafte de la vertu ftoïque, on ne le voiait pas tomber dans les excès que nous reprochons aux anciens, & s'il n'eut pas porté le fcepticifme jufqu'à un doute univerfel! (*) Serait-il défendu à un jurifcon-fulte de profiter, en lifant les hiftoires que Mr. de Voltaire a écrites, du meilleur plan qui ait été tracé? Pourquoi l'élève de thémis qui fait le français, n'effayerait-il pas d'imi-ter cette netteté de ftyle, qui met les propo-fitions les plus abftraites, à la portée de tout le monde; d'étendre fon imagination, & d'approcher de la fertilité avec laquelle ce

____

(*) Voltaire.

cerf de la littérature, préfentant une même propofition fous toutes les faces dont elle eft fufceptible, la rend toujours neuve par la variété des tours & de l'expreffion. Le mérite reconnu de fes poëfies impofe filence à fes ennemis même. (*) La nature s'anime fous le pinceau de Mr. de Buffon: on ne peut refufer à fon fyftème hypothétique de la création, d'être au moins la fiction la plus ingénieufe & la plus utile pour découvrir les différentes propriétés de la matiere, & de l'arrangement de toutes les parties de l'univers.

(†) QUELLE étendue de lumieres, quelle juftefle & quelle profondeur dans le traité de Mr. de Montefquieu, des caufes de la grandeur & de la décadence des Romains. On peut dire de l'Efprit des Loix pour le jurifconfulte, ce que Quintilien difait de la lecture de Cicéron pour l'orateur: c'eft avoir profité que de fe plaire dans la lecture de

______

[*] Buffon.

[†] Montefquieu.

cet ouvrage. On trouve dans l'Efprit des Loix les rapports les plus intimes, les plus ingé-nieux & fouvent les plus cachés au vulgaire de toutes les chofes poffibles, avec les loix qui ont été faites, ou qui peuvent encore fe faire pour elles. Malgré quelques erreurs qui font échappées à l'illuftre auteur de l'Efprit des Loix, fon immortel ouvrage, étend la fphére des connaiffances humaines & fur-tout fait beaucoup penfer. C'eft un tréfor inefti-mable, un flambeau lumineux entre les mains d'un homme d'efprit; c'eft un feu folet qui conduit au précipice, entre les mains d'un petit génie. (*) Une feule préface de Mr. d'Alembert, réunit la généalogie de toutes les connaiffances, dont l'efprit de l'homme eft fufceptible. C'eft l'expreffion dont l'au-teur s'eft fervi lui-même, qui n'eft pas du tout exagerée. Celui que les deux puiffances ont juftement condamné pour les excès aux-quels il s'eft livré, & le pyrrhonifme que fes ouvrages refpirent, (†) entrainé par un

[*] Mr. d'Alembert.
[†] J. J. Rouffeau.

enthufiafme dont il n'eft pas maître, faifit fucceffivement les deux propofitions contraires, & ne les abandonne que lorfqu'il les a portées à leurs dernieres conféquences. mais quelle force de pinceau ! quelle vérité de coloris ! quelle expreffion de fentimens ! quelle jufteffe dans la liaifon des principes vrais ou faux qu'il adopte, avec les conféquences qu'il en tire ! de quelle utilité n'eut-il pas été à la religion même, s'il fe fût borné à fa preuve de l'exiftence de Dieu & de la fpiritualité de l'ame, à fa peinture de la vie de J. C., & de la morale chrétienne ; enfin à fes réflexions fur la vérité des livres évangéliques ! c'eft la juftice que les miniftres de l'églife lui ont rendue eux-mêmes. (†)

On ne peut cependant fe diffimuler combien tous les auteurs que je viens de nommer, ont contribué à déraciner ce zèle outré, qui prenant les intérêts du ciel au-delà de ce que Dieu veut lui-même, prétendait foutenir par la violence une religion que Dieu

---

[†] Mandement de Mr. L'Archevêque de Paris.

a établie au milieu des perfécutions, par la feule force de la parole. Enfin la jurif-prudence eft une philofophie morale d'autant plus parfaite, qu'on y trouve l'application perpétuelle de la théorie aux vices de l'humanité, & aux maux qu'ils ont produits. Toutes ces lectures ne peuvent que fortifier le raifonnement d'un jeune jurifconfulte, & donner du reffort à fon imagination. Il fe compofera de tous ces ftyles, un ftyle mâle qui lui fera propre ; femblable à ces liqueurs précieufes qui fe forment du mélange de fruits excellens, dont elles prennent la fubftance, fans qu'on puiffe diftinguer les principes dont elles ont été extraites.

TOUTES les parties de la philofophie concourent à former l'éléve de thémis.

LA logique lui montre l'enchaînement des idées & l'accoutume à la marche du raifonnement.

LES mathématiques lui apprennent à analyfer les objets, à les confidérer fous un point de vue abftrait, & à leur rendre en-

fuite l.s parties qui en ont été détachées.
Jamais jurifconfulte n'aura les qualités néceffaires pour parvenir à la perfection de
fon art, fi la nature ne lui a donné l'efprit
géométrique. C'eft par l'étude qu'il doit cultiver ce talent. L'étude des mathématiques
habitue à tirer des conféquences fûres de
points donnés, ou de principes établis, & à
les porter jufqu'à la propofition qu'il doit
démontrer. Les Théorèmes feront pour lui
comme des moules, fur lefquels tous fes raifonnemens feront modélés, pour être revê-
tus du coloris que l'éloquence lui fournira.
La découverte des problèmes lui facilitera
l'invention; elle lui apprendra à choifir le
point de vue par lequel il doit parvenir à
la perfuafion; elle lui applanira les difficultés & l'accoutumera à réfoudre des ob-
jections embarraffantes. On peut confeiller
au jeune jurifconfulte de cultiver cette partie de la philofophie & non de s'y livrer;
car indépendamment du tems, que cette
étude, toujours attrayante par la vérité pal-
pable de fes propofitions exigérait, il ferait à craindre qu'il ne contractât une forte

de féchereffe qui donnerait à fes raifonnemens l'air de la fubtilité, & nuirait aux
refforts que l'éloquence doit déployer.

PAR l'étude de la métaphyfique, le jurifconfulte parviendra à généralifer & à élever
fes idées. Il ne s'agit ici que de cette métaphyfique qui s'occupe à montrer aux hommes les bornes de leurs connaiffances, en
les conduifant jufqu'au bord du Cahos qui
les environne, non de celle qui s'empor-
tant par un vol ambitieux, au - delà de la
fphére des connaiffances humaines, fe préci-
pite dans les ténébres.

TELLES font les connaiffances relatives au
fond des chofes; quant à celles dont le
ftyle eft particuliérement l'objet, qu'on me
permette de placer ici deux mots en faveur des
élèves de thémis du pays que j'habite: je leur
confeille de fe familiarifer avec la lecture des
poëtes, & des orateurs.

C'eft l'étude des premiers, qui formera le
jeune jurifconfulte dans l'art de peindre;

qui étendra ſon imagination ; qui élévera ſon ſtyle à la Majeſté du ſublime, & l'a-baiſſera avec nobleſſe aux objets les plus ſimples.

(†) IL apprendra de la tragédie, par quels reſſorts on peut remuer le ſpectateur juſ-qu'à lui faire verſer des larmes, & lui inſ-pirer de la terreur pour un objet qu'il ſait n'avoir aucune réalité.

(††) LA Comédie lui découvrira le cœur humain, les vices & les ridicules de ſon ſiècle : connaiſſance eſſentielle à celui qui eſt obligé de traiter les intérèts des hommes de-vant d'autres hommes. Il trouvera dans les écrivains de Rome & d'Athenes, & dans ceux que la France a produits, les modèles qu'il doit imiter. Son génie quelque fécond qu'il ſoit, ſerait bientôt épuiſé s'il ne s'aidait des penſées d'autrui. Je dis s'aider à la façon de Montagne, non par des Plagiats, ou

[†] Tragédie.

[††] Comédie.

une compilation froide ; mais en digérant ,
par l'effet de la réflexion, les idées que la
lecture lui aura fournies.

(*) Sur-tout qu'en vos écrits la langue ré-
vérée ,
En vos plus grands excès vous foit toujours
facrée :
En vain vous m'étalez un fon mélodieux ,
Si le terme eft impropre, ou le tour vicieux :
Mon efprit n'admet pas un barbarifme ,
Ni du vers empoulé l'orgueilleux folécifme :
Sans la langue en un mot, l'auteur le plus
divin,
Eft toujours quoiqu'il faffe, un méchant
écrivain.

SANS vouloir porter un jugement fi ri-
goureux, il faut fe contenter de diftinguer
les fautes que l'effort du génie, ou la pré-
cipitation d'un travail forcé, peuvent faire
commettre aux plus grands hommes (Bof-
fuet même n'en eft pas exempt), de la négli-

____

(*) De l'étude de fa langue.

gence de ces orateurs qui péchent contre la langue presqu'à chaque phrase ; parce qu'ils ne la connaissent que par l'habitude de la parler, qu'ils n'ont pas même contractée dans le commerce de ceux qui parlent bien,

Ubi plura nitent in carmine, non ego paucis
Offendar maculis, quas aut incuria fudit,
Aut humana parum cavit naturam. HORATIUS.

JE ne puis m'empêcher de dire ici que la langue française est plus favorable à l'éloquence du barreau, que la langue latine. La française est moins riche à la vérité ; mais *sa* pauvreté vient de *sa* clarté ; elle n'admet aucun mot impropre : c'est ce qui la prive de Synonimes si fréquens, mais souvent si imparfaits dans le latin ; parce qu'ils s'appliquent à plusieurs idées, pourvû qu'elles ayent quelqu'analogie : moins nombreuse, parce qu'elle n'admet que la seule construction, que l'ordre des idées présente à l'esprit, ce qui contribue à sa clarté ; semblable en cette partie à la langue Grecque, à l'exception de l'harmonie, qui eft produite par la douceur des mots grecs & par leur méfure exacte. Cette langue la plus parfaite de toutes, n'eft plus abondante que la française, que par la libérté prefqu'indéfinie de fes compofés, tous pris dans elle-même, & par conféquent toujours clairs.

La gène qu'on éprouve en cette partie, eft le feul défaut effentiel de la langue française; mais le génie des langues eft un point qu'il eft fouvent impoffible & toujours dangereux d'altérer. La contrainte qu'on éprouve pour parler correctement, diminue par l'habitude. Cette habitude de parler correctement, purement & noblement, n'eft pas le feul effet de la lecture & du travail, le commerce de la bonne compagnie y contribue fur-tout. C'eft dans ce commerce que l'éléve de thémis dépouillera cette rudeffe, que donne la retraite du cabinet, & qu'il s'inftruira d'une multitude d'ufages qu'il ne lui eft pas permis de violer. Il doit plaire par fon ton, par fon maintien, par l'honnêteté de fes mœurs; c'eft ce qui diffipe les préjugés, c'eft ce qui lui donne accès dans l'efprit de fes auditeurs. Le commerce du monde peut feul lui procurer cet avantage. Enfin c'eft par l'ufage du monde qu'il perfectionnera ce que l'hiftoire & le théatre ne peuvent qu'ébaucher, la connaiffance des hommes. L'une lui avait offert des faits fouvent éloignés du commerce ordinaire de la fociété ; l'autre ne lui avait préfenté que des copies prefque toujours forcées, quelque fois imparfaites ; il connaitra le vrai en comparant ces copies à leurs originaux. Je m'apperçois que je me fuis un peu laiffé entrainer loin, au torrent de mes idées. Cette difgreffion pourra paraître comme un hors-d'œuvre. Quoiqu'il en foit ; trois fortes de vocations différentes les unes des autres, attendent l'éléve de thémis au but de fa carriere. Il eft appellé, ou à enfeigner le droit dans une chaire de profeffeur, ou à plaider par devant des tribunaux en qualité d'Avocat, ou à juger les caufes civiles & criminelles comme Magiftrat. Or, chacun de ces états ne demande-t-il pas une pratique particuliere, fondée toute fur la même théorie générale du droit, dont

on fuppofe le jurifconfulte muni, avant que
d'embraffer une de ces fonctions dans la fociété. VOTRE MAJESTÉ IMPÉRIALE veut
que chaque Profeffeur en droit, faffe un
choix judicieux des matieres qu'il veut enfeigner, & ne traiter que celles dont il a
fait une étude profonde. Comme il y a
dans toutes les univerfités établies dans vos
états divers Profeffeurs pour chaque difcipline, & qu'il eft avantageux que l'étudiant
puiffe y faire un cours complet de toutes
les parties du droit, ou du moins des plus
effentielles; VOTRE AUGUSTE MAJESTÉ ordonne que les Profeffeurs conviennent entr'eux, des matieres que chacun d'eux veut
traiter, afin qu'il en réfulte un fyftème entier. VOTRE MAJESTÉ fuppofe dans les
profeffeurs qui enfeignent les fciences à d'autres, affez d'érudition, de clarté dans leurs
idées & fur-tout beaucoup de méthode, pour
expofer les matieres qu'ils fe chargent de dé-
vélopper: en effet les étudiants ne fréquen-
tent les univerfités, que pour y apprendre
les principes fondamentaux des fciences:
leurs propres lectures, leurs études particu-

lieres & leurs réflexions doivent faire le
reſte ; mais il eſt eſſentiel qu'un Profeſſeur
s'étudie à acquérir un ſtyle nerveux & con-
cis , de même qu'à une maniere de propoſer
claire , ſimple , dégagée de toutes les réflexions inutiles , pédanteſques & quelque fois
auſſi plates que ſavantes. L'inutile, le fri-
vole ne doit jamais tenir la place de l'eſſentiel & du néceſſaire.

VOTRE MAJESTÉ veut abſolument que le
cours d'une ſcience quelconque, ſoit achevé
dans l'eſpace d'une année ; quelque compliquée qu'une ſcience puiſſe être. Il en eſt
d'un cours de ſcience long & prolixe , comme
d'un long ſermon & de tout autre diſcours.
Il n'en reſte jamais la moindre trace dans
la mémoire , & tout homme qui parle en
public , n'eſt ordinairement long, que parce
qu'il n'a pas eu le tems ou l'art d'être
court , c'eſt-à-dire de concentrer ſes idées.

VOTRE MAJESTÉ a jugé à propos d'a-
broger dans ſes états un uſage , d'où réſul-
tait de grands abus ; cet uſage regne en-

core dans bien des contrées d'Allemagne ; c'est d'envoyer à la faculté juridique de quelque univerſité célébre, les piéces d'un procès captieux, difficile & embarraſſant. Cette faculté examine les piéces, juge le cas en dernier reſſort, dicte la ſentence au nom du ſouverain du lieu, & la lui renvoye pour la publier. Les facultés de droit deviennent par-là des tribunaux, & qui plus eſt des tribunaux ſupérieurs, ſouvent même ſans appel. Ce Sénat eſt compoſé du Directeur & des Profeſſeurs ordinaires de la faculté juridique. Chaque membre devient rapporteur & juge à la fois ; & en cette double qualité il a tous les devoirs à remplir d'un Avocat & d'un juge.

Votre Majesté à l'exemple d'un grand Monarque ſon voiſin, a jugé à propos d'abolir cet uſage pour les raiſons ſuivantes. 1. C'eſt que les parties pauvres s'en trouvent ordinairement très-mal. 2. C'eſt qu'un Profeſſeur qui n'a aucun uſage de la pratique, qui n'a jamais ſiégé dans aucun tribunal, & qui le plus ſouvent. n'eſt pas au fait des

coutumes du pays, reçoit les affaires les
plus compliquées à débrouiller & à décider :
qu'on suppose pour un moment qu'il fût en
état de donner les solutions des questions
de droit & l'explication des loix ; il faut
bien autre chose pour rendre une sentence ;
les circonstances ne varient - elles pas à l'infini ? or , n'est-ce pas le développement de
ces circonstances qui demande une attention
& une patience, que ces Professeurs ne sont
pas en état d'y apporter ? Aussi l'expérience
prouve-t-elle depuis long tems sans interruption, que ces décisions des universités , n'a-
boutissent qu'à des longueurs excessives sans
aucun fruit. Les actes restent quelque fois
absens des mois ou même des années, &
quand c'est une université étrangére, on n'a
aucun droit à la contraindre à terminer &
à renvoyer les actes ; c'est par conséquent
une coutume qui mérite bien d'être abro-
gée , quoiqu'en puisse dire Mr. le Baron de
Bilfeld une lumiere qui a éclairée l'Allemagne
par ses savantes productions ; comment ce
grand homme n'a-t-il pas senti tous les inconvéniens qui résultent nécessairement de

-cette

cette coutume peu réfléchie, qu'aurait-il pu
repliquer, je ne le vois pas. Paſſons à la
fonction d'Avocat ; le but naturel & le devoir d'un bon Avocat eſt 1. d'expliquer à ceux
qui ont quelque cas litigieux, qui veulent
entamer un procès & qui viennent le con-
ſulter à cet effet, la juſtice de leur cauſe
ſur les régles du droit & de l'équité. 2. De
leur indiquer la meilleure voie pour ſe faire
rendre juſtice. 3. De leur enſeigner les
moyens les plus efficaces pour obvier à
toutes ſortes de chicanes & d'artifices de la
part de leurs adverſaires. 4. Epargner tous
les frais de procès inutiles autant que poſſible. Sous ce juſte point de vue la pratique
du droit demande, une excellente théorie
de la juriſprudence & une grande intelli-
gence des loix ; une connaiſſance parfaite
de ce qu'on nomme la voie de la juſtice
ou de la maniere de conduire les procès ;
la connaiſſance des chicanes, artifices &
& piéges, par leſquels ou des juges iniques
ou des Avocats artificieux de l'adverſe partie peuvent pervertir & corrompre le droit,
pour pouvoir y oppoſer les précautions con-

vénables, qu'on nomme *Cautéles* en termes
de barreau ; enfin une probité une candeur
à toute épreuve (ici que chaque Avocat
s'examine, fonde fa confcience & fe rende
juftice). Soient à jamais bannis du barreau
ces Avocats ignorans dont toute la fcience
ne confifte qu'en babil, ou en un jargon
éblouiffant, qui ayant appris par cœur un
certain nombre d'axiomes de droit & de
fentences juridiques, dont il y a un fi
grand nombre de recueils imprimés, les lan-
cent autour d'eux comme des fufées, à tout
propos & à toute occafion, qui à la faveur de
ces billevefées fe font paffer pour habiles
jurifconfultes chez le vulgaire, furprennent
la bonne foi des plaideurs innocens, les in-
duifent à des procès injuftes, & ne connaif-
fant ni le droit même, ni l'art de conduire
un procès, entrainent leurs cliens dans un
abîme de chicanes & de dépenfes ruineufes !
foient à jamais bannies du Barreau ces ames
viles, ces fourbes adroits qui fachant leur
métier, font les mêmes maux à deffein prémédité & avec connaiffance de caufe, uniquement pour s'enrichir aux dépens des hon-

nêtes gens! c'est du trop grand nombre de ces fortes de fangsues qu'on peut dire, *ils ne fément point, & le démon de la chicane les nourrit cependant.* Ils feraient utiles, s'ils travaillaient aux mines & aux carrieres : ce font des peftes dans un état que des Avocats de cette efpèce; & où n'y en a-t-il pas.

LES Avocats habiles étant trop occupés, ou croyant que les foins de défricher un procès, font au-deffous d'eux, abandonnent tout ce qu'on pourrait nommer le mécanifme du droit & des caufes juridiques aux Procureurs & aux Notaires. Ce font ces efpèces d'Avocats inférieurs, qui avec une légere teinture du droit & une grande connaiffance de la pratique, fe chargent d'obferver dans les procès toutes les formalités que les loix & les tribunaux exigent, de donner de l'authenticité requife à toutes fortes d'inftrumens & la validité aux témoignages; de veiller à ce que chaque pièce du procès foit légale, ainfi que chaque acte de leur partie, foit conforme à la régle du droit : & enfin que rien ne foit négligé pour la forme. Il y a en Allemagne une conftitution de l'Empereur Maximilien I. pour les Notaires que tout le monde connaît & plufieurs livres qui traitent, *de Notariis & de arte Notariatûs.* Les fonctions des Procureurs y font comprifes & bien développées. Toutes ces fonctions de Notaires & de Procureurs doivent néanmoins fe faire fous la regie & la direction de l'Avocat, qui par cette raifon doit favoir à fond la pratique du droit & la forme du procès ufitée dans les pays où il exerce fon emploi. Sur la théorie générale de cette forme & pratique, il exifte en Allemagne divers traités, comme celui de *Schwedendorff*, intitulé *expofitio fummaria actionum forenfium ; Samuel Stryck de actionibus forenfibus inveftigandis : Quirinus Schacher Collegium practicum. Benedicti Carpzovii proceffus ; Martini Commentarius ad ordinationem proceffus, & fon proceffus continuatus* & un grand nombre d'autres ouvrages de cette nature. Outre les maximes générales, le jurifconfulte doit connaître encore les conftitutions particulieres de chaque pays, ville & tribunal pour la forme des procès & les régles des plaidoyers. Aux univerſités d'Allemagne on trouve auſſi plus d'une occaſion pour faire un cours complet ſur la forme & l'ordonnance des procès civils, criminels, féodaux, exécutifs, poſſeſſoires, provocatoires, matrimoniaux, telle eſt l'acquiſition des livres qui peuvent ſervir de guide dans ces matieres & inſtruire en général l'Avocat de tous ſes devoirs, qui conſiſtent ſelon un vieux *dictum*, *in reſpondendo*, *in agendo & in cavendo*.

COMME il réſulte divers abus de la fonction des Avocats, VOTRE MAJESTÉ IMPÉRIALE à la pénétration & à la ſagacité de laquelle rien ne peut échapper, a pris un ſoin tout particulier de détruire ces abus. VOTRE MAJESTÉ IMPÉRIALE a ſenti, comme toutes les perſonnes ſenſées, amies de l'ordre de la juſtice, la néceſſité d'établir des Avocats, qui par leurs études & par leur expérience euſſent acquis les lumieres & l'habileté qui ſont néceſſaires, pour diſcuter les affaires les plus compliquées, qui fuffent en état de donner confeil fur les cas qu'on leur propofe & de plaider ou d'écrire au nom des parties qui les chargent de leur caufe : cet établiffement eft d'une néceffité reconnue dans tous les états policés. C'eft pourquoi l'abolir entiérement, ce ferait tomber véritablement dans la barbarie & dans la tyrannie, qui fautent aux yeux dans la maniere dont on adminift e la juftice en Turquie. Mais toutes chofes ont deux faces & voici le revers de la médaille. Il n'eft malheureufement que trop fréquent, que les Avocats au lieu de fervir à répréfenter leurs parties dégagées de paffions, au lieu de foutenir uniquement les intérêts de la juftice & de la vérité, ont été les premiers à ufer de fuppofition dans les faits, de mauvaife foi & de furprife dans les raifonnemens ; ils ont employé le menfonge, l'artifice & toutes fortes d'iniquités pour prolonger les procès & défendre les mauvaifes caufes, c'eft pour reprimer ces abus qui minent fourdement la fociété & en rompent les liens les plus facrés, que VOTRE MA-

JESTÉ IMPÉRIALE, veut & ordonne qu'on mette en force, & en ufage les moyens fui-vans qui doivent produire les meilleurs effets : en conféquence des ordres de VOTRE MA-JESTÉ, tout Avocat reconnu & avéré comme une pefte ou un boute-feu dans la fociété, fera caffé pour toujours, flétri & puni cor-porellement d'une maniere, proportionnée à la nature de fon délit.

TOUT avocat dont les talens & la probité feront équivoques fera interdit pour un tems; fi dans la fuite il vient à montrer plus de connaiffance dans fon art, & plus de probité, il fera réhabilité après une forte exhortation, qui lui fera adminiftrée publiquement par le répréfentant du fouverain ; mais à la pre-miere récidive qui méritera l'animadverfion du public & du prince par conféquent, il fera caffé pour toujours, & flétri à jamais, en un mot puni à toute rigueur.

VOTRE MAJESTÉ IMPÉRIALE veut qu'il en foit de même de tous ceux qui, après avoir commencé la fonction d'Avocat fans aucune régularité, auront enfuite dégenerés & feront convaincus d'injuftices averées. Le premier acte de juftice qui fera exercé au nom de VOTRE MAJESTÉ IMPÉRIALE dans la réformation de la jurifprudence, tend à interdire pour toujours les Avocats, qui fe trouveront dans les cas qu'on vient d'indiquer. Vous voulez enfuite qu'il foit enjoint à une commiffion établie *ad hoc*, d'examiner fcrupuleufement tous les procès qui ne feront pas terminés, & de démêler les caufes du retardement, qui pourraient venir de l'incapacité ou de la malice des Avocats; au cas que ceux-ci foient coupables, la commiffion les punira d'une façon exemplaire, en les condamnant ou aux traveaux publics, ou même à la mort felon la nature du délit, c'eft à dire à proportion du tort qu'ils auront fait aux membres de la fociété; la fentence de la commiffion fera toujours exécutée provifionellement, excepté en cas de mort.

QUELQUE fâcheufes que foient les fuites de cette févérité à l'égard de leur fortune particuliere, on ne leur accordera aucune grace, & feront privés de toute efpérance de fléchir le prince, de la confiance duquel ils fe font rendus indignes; ils n'ont aucun droit de prétendre à fa compaffion, puifqu'il n'y a aucune comparaifon à faire entre les maux qu'ils ont merité, & ceux qu'ils ont caufés à la fociété.

(*) COMME il importe à la fociété de diminuer le trop grand nombre des Avocats qui, faute d'occupation font toujours prêts à entreprendre les plus mauvaifes caufes, & cherchent à exciter & à fomenter des divifions dont-ils puiffent tirer parti; pour parer à cet inconvénient qui porte un très grand préjudice à la fociété, VOTRE MAJESTÉ veut que déformais le nombre des Avocats foit fixé pour chaque cour de juftice à raifon de l'étendue de fa jurifdiction; vous voulez de plus qu'il foit ftatué en vertu d'un nouveau réglement, que les canditats foient à l'avenir examinés à fonds fur le droit & les ordonnances en préfence des Avocats, &

____

(*) Preuves exigées à l'avenir pour les Avocats.

de tous ceux qui tiennent la cour de juſtice du lieu & cela à différentes repriſes, par la raiſon qu'il n'eſt pas poſſible que dans une ſeule épreuve on puiſſe décider de la capacité des candidats; c'eſt pourquoi ils ſeront tenus de ſe légitimer pour leur emploi tant par ces examens que par diverſes autres épreuves de leur capacité; on ne ſera pas moins rigide ſur l'examen de mœurs & de religion pratique. Afin que les Avocats aient le même intérêt que les parties à voir la fin du procès, VOTRE MAJESTÉ défend expreſſément aux Avocats, ſous peine d'être caſſés pour toujours, de rien recevoir de leurs parties, ni directement, ni indirectement, & ſous quelque prétexte que ce ſoit, que le procès ne ſoit terminé. Vous voulez qu'on détermine par ſentence dans chaque inſtance la retribution des Avocats, laquelle ſera moderée à raiſon de leur travail & à proportion de la qualité des affaires, de leur objet & des facultés des parties; comme VOTRE MAJESTÉ IMPÉRIALE, pour ſoulager ſes peuples veut que la juſtice ſoit adminiſtrée gratis autant qu'il ſe pourra, pour cet effet elle

veut qu'il foit affigné fur les revenus de l'état,
à tous les Avocats une penfion alimentaire,
affez forte pour qu'ils fe puiffent contenter
d'un modique falaire des parties, pour les
quelles ils auront travaillé, & qu'ils foient
aftreints à plaider gratis pour les pauvres &
ceux qui n'ont qu'une fortune modique.

(*) LA néceffité des Avocats ne peut
regarder que les grandes villes & les tribunaux confidérables; ce ferait un très-grand
mal qu'il y eut des Avocats dans les petits
endroits; & un plus grand s'ils y trouvaient
de la pratique; & comme il s'agit de couper
le mal par fa racine, pour qu'ils ne trouvent pas de pratique dans ces petits endroits,
VOTRE MAJESTÉ IMPÉRIALE ordonne qu'ils
foient fupprimés, parce qu'ils ne peuvent y
être qu'inutiles & même nuifibles. En effet
il eft rare que dans les petits endroits, il
naiffe des procès de quelqu'importance; les
parties font fur les lieux; le juge eft fort
peu occupé & chaque affaire peut être ter-

____

(*) Avocats fupprimés.

minée en bref : or , il n'eſt rien de plus eſſentiel au bonheur des habitans de ces petits
endroits , que de voir promptement la fin de
leurs procès. Leurs facultés pour l'ordinaire
ne ſuffiraient pas aux frais d'une longue
pourſuite, mais leur repos eſt ſur-tout beaucoup plus altéré que dans les grandes villes,
parce que les objets de leurs querelles ſont
continuellement devant les yeux , & renfer-
més avec eux dans les bornes étroites de leur
ſéjour : ils ont à tout moment des occaſions
de s'aigrir & d'envenimer leur haine. C'eſt
pour ces raiſons que VOTRE MAJESTÉ ne
veut établir qu'un juge dans les petits endroits
mais vous exigez que ce juge , ait un dégré de
capacité convenable à la nature des affaires
& vous trouvez qu'il n'eſt pas moins important qu'il ſoit d'une probité à toute épreuve.

(†) QUANT à ce qui regarde la pratique
de la juriſprudence à l'égard des magiſtrats,
elle demande qu'ils ſoient habiles, ſur-tout
à lire les pièces d'un procès & à en faire une

(†) Des magiſtrats.

bonne rélation. Un juge qui voudrait lire d'un bout à l'autre l'énorme amas de pièces qu'un procès long & compliqué accumule toujours, ne finirait jamais & ne pourrait souvent pas juger deux caufes dans le cours d'une année. Il eft donc un art, une méthode qui apprend à lire les pièces, à feuilleter, à couler légérement fur les chofes accefloires, les formalités, & à ne s'attacher qu'aux points effentiels de la querelle ; il faut beaucoup de difcernement pour faïfir le vrai, le point conteflé, dans le fond & dans les preuves. C'eft fouvent chercher un diament dans un immenfe tas de décombre. Mais il ne fuffit pas feulement de découvrir, de connaître la vérité & la juftice d'une caufe ou d'un fait il faut encore pofféder l'art de la faire connaître à fes collégues, aux autres juges, au tribunal dont on eft membre ; il faut favoir rendre compte des pièces qu'on a examinées, il faut faire convenir les parties & fouvent tout le public de l'équité d'une fentence. C'eft cet art que les jeunes jurifconfultes apprennent dans un cours qu'on nomme dans les univerfités. *Collegium relatorium.*

LES magiſtrats ont des précautions à prendre & des combats continuels à livrer contre deux ſortes d'adverſaires, qui ſont les plaideurs injuſtes, & les Avocats artificieux. Ceux-ci regardent la juriſprudence, ou comme un filet dans lequel ils attrapent les gens de bien qui vivant dans la ſécurité d'une bonne conſcience, négligent ſouvent de prendre toutes les précautions qu'exige la chicane, ou comme une armure défenſive dont ils couvrent leur méchanceté, mettent leurs mauvaiſes actions à couvert des loix, & parent adroitement les traits que la juſtice pourrait lancer contre leurs iniquités. Le monde fourmille malheureuſement de livres où les précautions juridiques, (cautelæ) ſont réduites en ſyſtème & qu'on ne ſaurait lire ſans s'écrier à chaque page, *inventà lege, inventa eſt fraus legis !*

LE devoir des juges en particulier, c'eſt d'avoir de l'intégrité, de la fermeté, de la force, de rendre la juſtice ſans acception de perſonnes & de craindre toujours de n'ètre pas aſſez fidéles à leur miniſtére. Ils doivent avoir ſoin d'abréger les procédures, c'eſt à dire de les borner à ce qu'il y a de néceffaire à l'inftruction du procès, felon que l'équité le demande & qu'il eft réglé par les ordonnances : ils doivent avoir fur-tout beaucoup de défintéreffement pour ne pas multiplier les procédures fans néceffité; & pour ne pas taxer leurs droits, au de-là de ce qu'ils peuvent prendre légitimement. Ils ne doivent jamais recevoir de préfens fans s'expofer à faire des injuftices ; car les préfens aveuglent jufqu'au point d'enlever de l'ame de celui qui les reçoit, tout ce qu'il pourrait y avoir de zéle & de droiture ; & ceux qui en reçoivent commettent un crime capital contre les loix divines & humaines. Les devoirs des gens du Roi confiftent à faire obferver les réglemens de la police & la punition des crimes; ils doivent veiller foigneufement à l'obfervation de l'une & de l'autre, & exercer leurs fonctions avec un défintéreffement & une fermeté dignes de leur miniftére. La dignité de leur fonction eft préferée dans une loi du droit romain à celle de juge, parce que leur miniftére demande non feulement la capacité & l'intégrité néceffaires aux juges ; mais encore

une plus grande étendue d'érudition avec le
don & l'art de parler en public, & de joindre
les ornemens d'une éloquence solide aux rai-
sonnemens & à la science des loix.

VOTRE MAJESTÉ IMPÉRIALE ne peut
retenir ses l'armes, en réfléchissant sur la
maniere déplorable avec laquelle la justice
s'est rendue jusqu'ici & se rend encore dans
la plûpart des états de l'Europe. On a commencé par interdire aux particuliers la faculté
qui leur apartient de droit naturel, de plaider
eux mèmes leur cause; si ce réglement étrange
est fondé sur de justes motifs, j'avoue que
je n'ai point assez de pénétration pour les
démèler; mais je me flatte d'en avoir assez
pour en connaître les inconvéniens. C'est
dit-on pour faire cesser dans les tribunaux la
liberté, qu'avaient les parties d'y faire éclater
leurs passions & leurs emportemens; n'y avait-
il pas une autre voie plus sûre de parer à
cet inconvénient, sans dépouiller l'acteur du
droit qui lui apartient naturellement? mais
dira-t-on, est-ce que les procureurs ou les
Avocats n'ont pas épousé les intérêts de

leurs

leurs parties? A cela je reponds qu'on n'é-
pouse jamais avec la même chaleur les intérêts d'autrui comme les nôtres propres.
D'ailleurs qu'ai je besoin d'un substitut mer-
cenaire, qu'on m'oblige de payer pour
défendre mes intérêts, que je défendrais mieux
que lui. Il les exposera, dira-t-on, à mes
juges avec plus de précision & le fera sans
humeur & sans passion. Mais si j'ai bien pu
le mettre au fait de mon affaire ne pourrais-je
pas aussi bien instruire mes juges? qui me
repond qu'il l'aura bien entendue, qu'il en
a bien saisi le sens, qu'il s'est donné la
peine de lire les piéces que je lui ai remises?
Qui m'assure qu'il travaillera assez soigneusement pour la mettre dans son jour favorable, qu'il n'oubliera aucun de mes moyens,
qu'il les présentera dans toute leur force.
Que sais-je! s'il allait même se laisser gagner
par ma partie adverse & faciliter son triomphe
en me défendant faiblement? Cela n'est-il
donc jamais arrivé? N'est-il donc aucune de
ces prévarications qui ne se soit commise
quelquefois & que je n'aie par conséquent à
craindre? Pourquoi m'ôter le droit de me

défendre ? Si l'on me reſtituait ce privilége ferais-je donc expoſé à tous ces riſques ? Qu'on ſuppoſe tant qu'on voudra , qu'il m'eſt facile de trouver un défenſeur intelligent , capable & ſur qui l'on peut compter : eh que m'importent les talents qu'il vous plaira lui ſuppoſer! Un défaut les efface tous. Il eſt intéreſſé , dépouillé de tout mon bien par des uſurpateurs puiſſans , en vain la juſtice m'offre-t-elle un appui contr'eux , ſi ces triſtes avenues ne s'ouvrent qu'à prix d'argent.

Ai-je franchi cette premiere entrée ? à chaque pas le même obſtacle m'arrète. Le palais de thémis eſt une douane ruineuſe , où cent exacteurs avides ſe ſuccédent l'un à l'autre , pour dévorer la ſubſtance de l'infortuné plaideur. Le juge lui-même à leur tète les autoriſe au pillage , à le conſommer. Délicat cependant ſur la maniere de piller , il rougirait de profaner ſa main , en acceptant des préſens : & le barbare exige qu'on le paye , & ne rendra pas juſtice , qu'on n'aie payé d'avance. En vain voudrait-on m'objecter que ces frais exorbitans , ſont la juſte

punition du plaideur de mauvaife foi, qui
par l'événement eft le feul qui les fupporte;
mais y a-t-il de la juftice à établir des châtimens pécuniaires dont celui qui les impofe
recueille feul le profit? toute juftice intéreffée ne doit-elle pas être fufpecte? pourquoi faut-il que mon juge touche de fortes
épices en conféquence de ce qu'un mal-avifé
m'aura intenté un procès mal à propos ? C'eft
moi feul qu'il faut dédommager & non pas
ce juge, qui n'en fouffre aucun dommage &
qui doit également abfoudre ou condamner,
fans en tirer de falaire. D'ailleurs eft-il toujours vrai qu'un des deux collitigans foit
néceffairement de mauvaife foi? la queftion
qui les divife ne peut-elle par être problé-
matique, & dans ce cas celui des deux qui
fuccombe mérite plus d'être plaint que d'être
puni. Mais qu'on fuppofe fi l'on veut, que
celui fur qui les frais tombent les doive en
effet fupporter, pour avoir contefté fans droit :
fon adverfaire, qui fort victorieux, ne laiffe
pas de payer encore cher fa victoire; ne
lui a-t-il pas fallu effuyer mille extorfions
fécrettes qu'il ne pourra pas répéter : & les

frais même qui font notoires, n'eſt-ce pas lui ſeul qui en ſouffre, ſi celui qui les doit payer eſt malheureuſement inſolvable? Ne peut-on pas encore ajoûter un cas où ils tomberont ſur la partie qui devait en être exempte? c'eſt celui d'un bon jugement, où le bon droit aura ſuccombé, par l'ignorance ou par l'iniquité des juges; & ce cas n'eſt pas ſans exemple; car ces fiers arbitres de nos biens & de nos fortunes, n'ont pas reçu du ciel une conſcience, ni des lumieres in-faillibles: qu'on me donne des juges déſinté-reſſés, leurs vues ſeront bien plus diſtinctes & leurs déciſions plus ſages; mais je n'en ſuis point encore content, s'ils ne ſont expéditifs; c'eſt être injuſte, que de différer la juſtice qu'on peut rendre ſeul ſur le champ. Le tems eſt précieux pour celui dont les in-térèts périclitent. N'eſt-ce pas la manie des gens en place de ſe faire demander à titre de grace ce qu'ils doivent par état? Ne faut-il pas acheter d'eux par des ſuppliques humi-liantes ce qu'on ferait en droit d'exiger? Vendez moi plutôt la juſtice au poids de l'or & me la rendez à l'inſtant, à quelque prix que vous la mettiez, j'y gagnerai : fixez vos regards sur tel préfident ; ce perfonnage croit qu'il importe à fa dignité d'être fuivi jufqu'au pied de fon tribunal d'une foule de folliciteurs. Le trouble & l'inquiétude qu'il voit peints fur leurs vifages le flattent au fond de l'ame, il fe dit avec complaifance, c'eft de moi que dépend le fort de tous ces gens-là, il fe gardera bien d'expédier promptement leurs affaires; fa cour en ferait moins nombreufe : je ne faurais concevoir comment le premier plaideur, ofa folliciter fon juge ? N'eft-ce pas lui dire en termes couverts, je ne doute pas que vous ne négligeaffiez mon affaire, fi je ne vous preffais ; je fais que vous aimez votre repos & vos plaifirs, que vous pourriez les préferer au foin de remplir votre charge ; mais je vous prie, faites votre devoir, pour l'amour de moi. Examinez par vous-même mon procès, ne vous en rapportez pas à l'extrait d'un fecrétaire, & quand vous le faurez à fond, que ce foit l'équité qui dicte votre jugement. Une belle follicitenfe viendra peut-être livrer de vifs affauts à votre cœur, je vous demande en grace de fuir la tentation , fermez les yeux à fes charmes. Tels princes, tels feigneurs vous recommanderont fa caufe ; mais fongez que ces recommendations ne rendent pas fon droit meilleur. On tentera de vous éblouir par des promeffes & peut-être même par des préfens ; mais foyez incorruptible ; en un mot faites moi la grace de vous comporter en honnête homme. Combien feraient encore plus injurieufes les follicitations d'un plaideur de mauvaife foi ? Solliciter fon juge pour le gain d'une caufe injufte, n'eft-ce pas lui déclarer qu'on le prend pour un fripon, ou pour un fot ; n'eft-ce point auffi l'infulter, que de le remercier après le gain d'un procès : il femble que ce foit le rendre fufpect de quelque condefcendance : fans cela, de quoi le remerciez-vous ? S'il a jugé fuivant l'exacte équité, vous ne lui devez pas à la rigueur, plus d'actions de graces, qu'à un payeur de rentes qui vous a délivré un quartier échu : l'un & l'autre n'ont fait que ce qu'ils ne pouvaient pas fe difpenfer de faire fans prévarication : de l'eftime tant qu'il vous plaira : un juge intégre en mérite ; mais point de reconnaiffance. Il pourrait même avec toute l'intégrité possible mériter au contraire des reproches, s'il a laissé longtems les parties languir dans l'attente d'un jugement , qu'il pouvait prononcer d'abord : un magistrat est comptable de tous ses momens , tant qu'il reste dans ses mains des affaires indécises. N'est-ce donc pas assez qu'un plaideur ait supporté les lenteurs de tous les officiers subalternes , sans que les dispensateurs même de la justice achèvent de l'excéder par des remises interminables.

ENFIN après plusieurs années d'attente , d'incertitude & de poursuites, il obtient un jugement ; mais c'est n'avoir rien obtenu : son adversaire pour en éluder l'effet, va par plusieurs rappels successifs le promener de tribunaux en tribunaux , & qu'il ne croye pas son droit assuré, par la raison qu'il est incontestable, les rituels de thémis asservissent les cliens à tant de formalités vétilleuses , d'où l'on fait dépendre leur sort , qu'il leur est difficile d'arriver, sans broncher , jusqu'à son tribunal.

AUSSI voit-on tous les jours dans fon redoutable fanctuaire la forme entrainer le fond , & le meilleur droit folemnellement profcrit par l'omiffion d'un mot , d'une lettre, d'une minucie. A - t - on eu l'adreffe d'éviter tous ces écueils? on peut encore échouer au port par l'injuftice ou l'incapacité des juges.

DE toutes les profeffions, celle du magiftrat eft fans contredit la plus importante pour la fociété : mais en eft-il quelqu'autre dans la plus grande partie de l'Europe, pour laquelle on exige moins d'épreuves? tout fujet y eft propre dès qu'il a pris fes degrés en droit, & qu'il eft en état de payer les provifions de fa charge.

ON eft en ufage de décider les contefta-tions en juftice, à la pluralité des voix; n'eft-ce point faire trop d'honneur aux ma-giftrats ? n'eft-ce point fuppofer que le plus grand nombre d'entr'eux, eft fuffifamment pourvu de droiture & de difcernement ? n'eft-il pas plus raifonnable de fuppofer qu'il y ait cinq confeillers prudens fur vingt-cinq, que de préfumer qu'il y en ait vingt? La prudence n'eft pas un d'on fi vulgaire. Malgré l'air de paradoxe que cette idée femble préfenter d'abord, le législateur des juifs avait eu la même idée; il recommande aux juges de ne pas affeoir leurs décifions fur l'avis du plus grand nombre. (*)

LE fuffrage d'un feul juge qui motive fon avis, n'eft-il pas préférable à celui de cinquante autres qui n'opinent que par inftinct?

LA tentation la plus délicate & par conféquent la plus dangereufe pour un juge, c'eft une générofité déplacée, un défir d'obliger des amis, qui ne peut-être fatisfait qu'aux dépens de l'équité: tel qui réfiftait à des promeffes ou à des offres féduifantes, ne tiendra pas contre les inftantes prieres d'un folliciteur qu'il aime. Il croit trouver une excufe dans les motifs qui l'ébranlent. Il ne fe pardonnerait pas de s'être laiffé fubjuguer par le vil appas du gain, ni par-tout autre

____

(*) Exode 23. 2. non in judicio plurimorum acquiefces.

intérêt ; mais la tendreffe, l'amour, l'amitié
la reconnaiffance font des fentimens fi nobles!
oui très-nobles fans doute, quand ils fym-
patifent avec la vertu ; mais très-bas & très-
condamnables quand ils lui portent quelqu'atteinte. Il eft d'ufage & même d'obligation,
qu'un juge fe déporte de la connaiffance
d'une affaire, lorfque quelqu'une des parties
qui y font intéreffées, lui eft alliée ou parente :
mais il eft dans la fociété bien d'autres
liaifons que la parenté ou l'affinité, qui n'ont
pas moins d'empire fur le cœur; par exemple
ne paraît-il pas dur à un juge de condamner un ami ? Eh bien ! qu'il ne le juge point !
il n'eft dans tout l'univers que Dieu & les
fouverains qui puiffent ufer d'indulgence
dans leurs jugemens & favorifer ceux qu'ils
aiment. J'excepte les fouverains parce qu'ils
font les lieutenans de Dieu fur la terre.
Encore ne peuvent-ils favorifer ceux qu'ils
aiment au préjudice de l'une des parties;
mais le fimple magiftrat n'eft jamais en droit
de le faire. Il n'a d'autorité que celle qu'il
tire de la loi, dont il n'eft que le dépofitaire
& l'organe ; s'il s'en écarte par quelque motif

que ce foit, il a paffé fon pouvoir, c'eft un prévaricateur.

MAIS fi la loi n'a point de difpofition expreffe fur le fujet qui divife les parties, lui fera-t-il défendu de donner une interprétation favorable à la caufe de fon ami ? Oui fans doute; mais fon ami ne doit entrer pour rien dans cette interprétation. Les inductions qui fe tirent de la loi font partie de la loi-même & font auffi refpectables. Si les tribunaux en prononçant fur les différens des parties & en donnant gain de caufe à l'une fuivant l'équité, puniffaient dans l'autre comme un crime d'état, d'avoir foutenu une mauvaife caufe contre l'efprit de la loi, dans l'efpérance de tromper fes juges, penfe-t-on qu'il y eut bien des procès dans le monde ? Il eft vrai & on ne peut malheureufement fe diffimuler, que la jurifprudence enfante de vaines fubtilités, qui apprennent à éluder les loix par les loix mêmes. De-là ces incidens, ces chicanes, ces tours malicieux pour embrouiller des procès, pour déguifer la vérité, pour différer les jugemens, pour autorifer des prétentions injuftes.

Il semblerait avantageux d'ignorer une science qui est plus propre à éblouir & à préoccuper, qu'à éclairer & à instruire, & l'on devrait sans doute lui substituer la candeur, la droiture, une exacte probité, un jugement solide. Combien de fois des magistrats de qui l'on ne doit attendre que la probité la plus exacte, la sacrifient aux intérèts d'un ami, pour ne pas blesser l'union qui les attache ? De sorte que c'est souvent gagner un procès que de ne le pas poursuivre. Quoique la justice ne se vende pas à la rigueur, il n'en est pas moins vrai qu'il en coûte beaucoup & qu'il faut ètre bien riche pour l'obtenir.

C'est pour parer à tous ces inconvéniens & à tous les désordres qui en font les suites inévitables, que VOTRE MAJESTÉ IMPÉRIALE par une inspiration toute particuliere, a conçu le projet suivant pour réformer la jurisprudence dans ses états.

VOTRE MAJESTÉ laisse subsister trois manieres de terminer les procès.

TOUTES sortes de procès entre toutes sortes

de perſonnes, ſans en excepter les communautés, ſeront terminés par trois voix principales. L'accommodement volontaire entre les intéreſſés, l'arbitrage & la procédure judiciaire, ſoit qu'une partie ſoit attirée devant le juge ou qu'elle veuille y attirer l'autre.

De l'ordre judiciaire & de ſon but.

LES deux premieres voies étant rarement ſuffiſantes & les procès étant plutôt aſſoupis pour quelque tems, que décidés par leur moyen ; VOTRE MAJESTÉ IMPÉRIALE reconnaît la néceſſité des tribunaux & d'un ordre judiciaire. Mais comme cet ordre ne peut être deſtiné qu'à faire connaître la vérité, en donnant lieu aux parties de la montrer, & d'établir leurs droits, la maniere ſimple & naturelle d'exercer la juſtice ſe bornera en conſéquence de vos ordres, à faire venir les parties devant le juge pour expliquer le fait de leurs différens, afin que les ayant entendues, il leur rende ſur le champ la juſtice qu'elles méritent. VOTRE MAJESTÉ IMPÉRIALE toujours prévoyante défend de ne mêler plus déformais tant de chofes vicieufes & fuperflues à ce qu'il y a d'effentiel dans l'ordre judiciaire, pour laiffer un champ libre à la malignité, au menfonge, à toutes les efpéces d'injuftice qu'on voit fe multiplier ailleurs dans les procès ; d'où il arrivait que l'on en était venu au point que les gens fenfés ont eu les procès en horreur & ont fouvent mieux aimé faire des pertes confidérables que de s'engager dans un labyrinthe fans iffue. Il eft une infinité de cas où la voie de recours au juge eft d'une néceffité indifpenfable ; tant d'inconvéniens provenant de la voie odieufe des procès, à caufe fur-tout de leur extrème longueur, méritaient bien qu'on cherchât à y apporter des remedes. Mais ce ne peut-être dans l'abolition entiere des procès qu'il faut les chercher, parce que cela eft impoffible ; mais dans l'accourciffement des procedures. Il s'agit uniquement de prefcrire une forme convenable qui laiffe d'un côté, à la vérité tous les fecours néceffaires pour fe faire connaître & pour établir fes droits, mais qui détourne de l'autre, l'effet de tant de rufes & d'artifices que les hommes ennemis de la juſtice & de l'ordre ont inventés pour obſcurcir les affaires en les embarraſſant de longueurs & pour éluder des jugemens qu'ils craignent de ſubir : ce ſont ces difficultés & ces échappatoires, dont l'immenſe aſſemblage a formé le monſtre de la chicane.

Votre Majesté veut & ordonne qu'on établiſſe une procédure uniforme & abrégée dans toutes les cours & jurisdictions de vos états : c'eſt le plus grand bienfait qu'un monarque puiſſe procurer à ſes ſujets. Pour obvier à des incidens ſi embarraſſans & ſouvent ſi multipliés par l'eſprit de chicane, vous voulez qu'on dreſſe un plan pour ramener à une procédure uniforme, & par laquelle tous les procès ſeront ſolidement inſtruits & terminés en trois inſtances dans l'eſpace d'une année.

Ce plan embraſſera tout ce qui eſt eſſentiel à l'inſtruction des affaires de quelque nature qu'elles ſoient, on n'aura point beſoin d'aller puiſer dans le droit romain ou dans le droit canon de quoi interpréter les loix. Ce ſera un expofé général mis à la portée de tout le monde & même de ceux qui n'ont aucune teinture de jurifprudence.

Néceffité de conferver certaines procédures.

COMME l'ordre judiciaire., n'eft deftiné qu'à mettre les conteftations des parties dans tout leur jour, & à donner aux juges une connaiffance fuffifante des queftions & de leurs circonftances, il femble d'abord qu'on pourrait retrancher toutes les procédures, ou du moins les reduire à la feule comparition des parties devant le juge, pour expliquer leurs différens & recevoir d'abord leur fentence; mais la chofe n'eft pas malheureufement pratiquable. En effet, quand elle le ferait dans quelques affaires très-légéres & dont l'expofition peut aifément être faite par les parties elles-mêmes, il refte toujours une infinité de cas épineux & embarraffés, qui intéreffent l'honneur & la fortune des citoyens & dans lesquels les juges & les Avocats les plus habiles & les plus intégres, ont befoin de toute leur fagacité pour démêler le vrai

du

du faux, le jufte & de l'injufte, qui n'eft
autre chofe que la balance de l'utile, à mefure
de ce qui revient à un chacun de la fomme
du bien public ; cela ne paraîtra point furprenant, pour peu qu'on ait fait réflexion
fur la variété infinie qui fe manifefte à chaque inftant dans les actions des hommes d'où
naiffent les procès. En effet combien le jeu
des paffions n'eft-il pas diverfifié ! leurs loix
& leurs effets ne préfentent-ils pas une théorie
plus compliquée que celle de la mécanique ;
ne font-ce pas elles qui infpirent aux hommes
toutes ces voies obliques qui fe multiplient
en tant de manieres ? Et fi l'injuftice a un
art d'embrouiller les affaires, ne faut-il pas
que la juftice ait un art de les débrouiller
& de les mettre au clair ?

Objet du droit en juftice, ou des actions.

UNE action eft le droit de pourfuivre en
juftice ce qui nous eft dû : cet objet du droit
en juftice comprend trois différentes manieres
de finir toutes fortes d'affaires.

Tome II.   S

La 1. eſt l'accommodement volontaire que les parties font entr'elles, ou par elles-mêmes ou par l'entremiſe de leurs amis, ſans attendre aucun jugement.

La 2. eſt le choix de quelques perſonnes à qui elles donnent le pouvoir de regler & de terminer leurs différens, & qu'elles nomme arbitres.

La 3. qui devient néceſſaire lorſque ceux qui ont quelques conteſtations, ne veulent aucune des deux premieres voies, eſt d'aller au juge, ſoit qu'une partie y ſoit attirée, ou qu'elle veuille y attirer l'autre & c'eſt ce qu'on appelle proprement action. Ces manieres de terminer les différens ont des noms pro-pres, la premiere qui eſt l'accommodement volontaire s'appelle tranſaction, c'eſt à dire traité ſur un différent commencé, ou à com-mencer & qui le termine.

Le ſecond eſt le choix des arbitres & s'ap-pelle arbitrage, & le traité par lequel on leur donne le pouvoir & qui contient les engagemens des parties s'appelle *compromis*. la troisieme qui est beaucoup plus fréquente & qui est le recours au juge, s'appelle voie de justice ou l'ordre judiciaire. Or, il y a trois choses à considérer dans la matiere de l'ordre judiciaire. Les personnes qui y ont part, les choses qui s'y passent & les manieres dont elles se passent. Les personnes qu'il faut considérer dans l'ordre judiciaire sont les parties qui plaident, les juges qui doivent leur rendre la justice, & tous ceux dont le ministere est nécessaire ou pour agir pour les parties & défendre leurs droits, ou pour leur faire rendre justice de quatre manieres qui donnent autant de noms différens à ceux qui plaident : c'est ce qu'on va expliquer.

CELUI qui vient demander en justice & qui y en appelle un autre, se nomme le demandeur ; & lorsqu'il arrive qu'un tiers prétend quelque droit sur la chose contestée entr'eux & que sans appeller ou être appellé, il intervient en justice, il se nomme intervenant, & lorsque celui à qui on demande, prétend qu'un autre est tenu pour lui, &

le fait appeller pour le mettre en fa place, il devient partie & on l'appelle garant & défendeur en fommation.

(*) L'APPELLATION eft la voye de fe pourvoir par devant les juges fupérieurs, quand le procès étant jugé par la fentence des premiers juges, l'une des parties ne veut pas s'y tenir, mais qu'elle va aux juges fupérieurs pour demander la réformation de la fentence, & la partie qui ufe de cette voie s'appelle appellant, & celui qui défend la fentence fe nomme intimé.

IL y a plufieurs différences entre les juges felon la différence de leur jurisdiction, ou de leur autorité dans la même jurisdiction, comme entre les juges inférieurs de qui on appelle & les fupérieurs à qui on appelle.

On donne des noms généraux aux actes & procédures & à tout ce qui fe paffe dans l'ordre judiciaire; & la maniere réglée par

____

(*) Appellation.

l'ufage ou par les ordonnances dont fe font ces procédures, s'appelle formalités. La premiere & qui eft effentielle, confifte en ce que celui qui veut faire quelque demande par devant un juge, doit y attirer fa partie & en ce qu'il faut une voie pour l'obliger à y venir. Autrefois à Rome le demandeur conduifait le défendeur au juge. Et aujourd'hui c'eft un officier public qui affigne & ajourne la partie par devant le juge, & fait un acte qu'on appelle exploit, qui contient le récit de cette affignation ou de cet ajournement; il faut que cet exploit explique la demande, qu'il foit daté & qu'il foit fignifié à la perfonne affignée ou à fon domicile. L'affignation eft fuivie ou du filence de celui qui eft affigné ou de fa comparaiffance; s'il demeure dans le filence, le juge le peut condamner, parce que fon filence fait préfumer qu'il eft fans défenfe. Mais s'il fe défend, il faut que fa défenfe foit connue de fa partie, afin qu'elle la contefte ou qu'elle en convienne & enfuite le juge rend fa fentence. Mais la défenfe attire une conteftation de la part du demandeur, çette conteftation s'appelle une réplique

& les parties de part & d'autre établissent leurs droits par des écritures. Il peut y avoir deux sortes de contestations entre les parties. Les unes regardent la vérité des faits & elles se nomment questions de fait. Les autres regardent les conséquences qu'on en peut tirer par le droit des parties, & elles s'appellent questions de droit. Il y a quatre sortes de preuves. 1. La confession de la partie : 2. le témoignage des personnes qui savent le fait. 3. Le témoignage écrit. 4. La présomption ; ou la connaissance de certains faits tellement liés à celui dont il s'agit, qu'on en puisse conclure la vérité par la liaison de ce fait avec les autres : ces 4. preuves sont communes aux matieres civiles & criminelles.

IL est dans tous les tribunaux du monde de certaines régles établies par les ordonnances pour faire les procédures de justice, mais comme ces régles varient non seulement dans tous les pays, mais aussi dans divers tribunaux d'un même pays, il est impossible d'établir des maximes universelles pour guider le jurisconsulte dans ce chemin

tortueux. Il était néceſſaire d'établir quelques régles pour mettre de l'ordre & de
l'uniformité dans la marche des procès ; il
était néceſſaire de garantir par ces réglemens les juges de toute ſurpriſe de la part
des parties ou de leurs Avocats ; il était
néceſſaire de mettre un frein à l'impatience
des plaideurs, & de donner au contraire un
aiguillon à leur indolence ou à la négligence de leurs Avocats ; il fallait donc des
ordonnances pour les procédures de juſtice ;
mais que ce ſoit une régle de droit que la
forme emporte le fond, qu'un homme de
probité perde une cauſe évidemment juſte,
parce que lui ou ſon Avocat auront man-
qué à de certaines formalités, ce ſont des
maximes qui font horreur, qui révoltent
autant le bon ſens que l'équité naturelle,
& qui ſont très-funeſtes au bien de la ſociété générale.

Les longueurs les formalités & les frais
des procès par devant les tribunaux de l'Empire Germanique, (la Chambre Impériale de
Wetzlar & le Conſeil aulique de Vienne)

font fur-tout infoutenables. Comme il n'y a que des caufes très-importantes qui y foient évoquées ou portées par voie d'appel en dernier reffort, le mal qui en réfulte à la patrie n'eft pas du moins fi grand, ni fi général. La forme ou les régles pour les procédures de ces tribunaux fupérieurs font prefcrites par des ordonnances de l'Empire, ou des Empereurs. Celle qui concerne la chambre de Wetzlar eft comme en Allemagne fous le titre latin, d'*ordinatio cameralis*. Il en exifte une bonne édition avec un commentaire utile, par les foins de Jules Magenhorft. Le projet de cette ordonnance de la chambre Impériale de l'année 1613. a été également publié par Jacob Blume, & le même auteur a donné en 1666. un recueil de fes décifions ordinaires. On peut auffi confulter avec fruit fur cette matiere le dernier recès de l'Empire de l'année 1654. avec le commentaire de Textor, enfin Gailius Myfinger, Wurmfer, Hartsmann, Mauritius & plufieurs autres ont fait de favantes differtations de *judicio camerali*, qui méritent d'ètre lues. L'ordonnance qui guide le Conseil aulique pour la forme des procès est célébre parmi les jurisconsultes allemands sous le titre d'*ordinatio judicii aulici*. Elle est émanée de l'Empereur Ferdinand III. en l'année 1654. Gailius dans ses observations, *Mauritius* dans ses dissertations *de Cæsareæ Majestatis & Imperii judicio aulico*, & *Sprenger*, dans son ellychnium, ont expliqué cette constitution & l'ont éclaircie par des notes & des commentaires. Plusieurs Professeurs dans les univerfités allemandes enfeignent particuliérement la maniere de conduire un procès devant les tribunaux du St. Empire.

CES notions préliminaires (†) ont été regardées comme nécessaires pour prévenir le lecteur qui n'est pas initié dans les matieres civiles ou affaires de judicature; afin qu'il ne fût pas rebuté par le plan méthodique qu'on va tracer ici, pour terminer les procès par les voies les moins dispendieuses & les plus courtes.

(†) Objet du droit en justice ou des actions.

Plan méthodique de réforme commencée par les tribunaux.

Comme il paraît raisonnable de commencer par réformer le chef avant fes membres ; en conféquence VOTRE MAJESTÉ IMPÉRIALE veut qu'on commence par réformer les juftices fupérieures ou tribunaux, puifque les juftices inférieures en dépendent, puifque celles-ci font fubordonnées aux premieres, donc il faut commencer par remédier aux défauts des jurifdictions fupérieures avant de réformer les abus des jurifdictions inférieures.

Néceffité des corps fupérieurs.

Ce ferait bien peu connaître les hommes que de s'imaginer que la décifion d'un juge inférieur doit fuffire, & qu'il n'y a pas de meilleur moyen pour abréger les procès que de s'y borner ; les juges iniques ne font que trop communs, il eft effentiel de les contenir dans leur devoir par la crainte de recevoir des mortifications, au cas que leur arrêt foit caffé & d'en être même refponfables en certains cas. Sans cela la plûpart des juges inférieurs deviendraient dans peu de petits tyrans. Il faut bien s'imaginer en outre qu'il eſt rare que tout juge ait lui ſeul, une capacité aſſez étendue pour juger ſainement de tous les cas qui peuvent ſe préſenter & qui varient à l'infini. D'ailleurs quelque prudence & quelqu'intégrité qu'on puiſſe ſuppoſer dans un homme, par les mains duquel paſſe une ſuite continuelle d'affaires, peut-on ſe flatter qu'il ne tombera jamais dans l'erreur ? ne paraît-il donc pas néceſ-ſaire d'évoquer certaines cauſes, & d'obte-nir réviſion de la premiere ſentence.

Ce que c'eſt que l'appel.

L'APPEL eſt un remede que les loix don-nent aux parties, pour faire changer ou redreſſer par les juges ſupérieurs une ſen-tence que l'on croit injuſte. Mais ce remede deviendrait pire que le mal, s'il ne ſervait qu'à différer ſans fin la déciſion des procès & à tenir la partie qui a le droit de ſon côté dans une incertitude perpétuelle ſur la jouiſſance de ce droit. C'eſt pourquoi il faut limiter la voie d'appel dans certaines bornes & lui preſcrire ce qu'on nomme *fatale* un dernier terme peremptoire ; & comme les parties habituées dans les petites villes ou villages, font fort ignorantes en fait de procédure & qu'il leur ferait très-dommageable de laiffer écouler le terme prefcrite pour l'appel, le juge inférieur fera tenu de le leur expliquer d'une maniere claire & pofitive, & pour leur ôter tout fujet de doute à cet égard, le leur indiquer au bas de fa fentence de la maniere qui eft prefcrit, recevoir enfuite la déclaration d'appel, & la faire fignifier à la partie adverfe, afin qu'elle ne requiere point l'exécution de la fentence dont l'effet eft fufpendu par appel.

Cas dans lefquels l'appel ne faurait avoir lieu, ou du moins n'arrête pas l'exécution.

On ne peut difconvenir qu'il eft bien des cas où la nature des affaires ne laiffe aucun lieu à l'appel, ou demande tout au moins l'exécution provifionelle de la fentence. Le bon fens indique ces cas. Tels font ceux où il y aurait quelque danger dans le retardement, où il s'agit d'ouïr les

témoins, sauf à la partie adverse à fournir
ses exceptions contr'eux, où il faut payer des
fruits de procédure déterminés par les taxes
& en général dans toutes les bagatelles.
L'exécution ne saurait être différée non plus
dans toutes les affaires qui regardent le droit
de *change*, sans la rigueur duquel le négoce
ne pourait se soutenir. Comme il est impossible ici d'entrer dans de plus grands détails à ce sujet, on renvoie à une ordonnance dressée *ad hoc* qu'on fera tenu de
consulter dans tous les cas semblables.

Suite de l'appel.

L'APPEL étant porté devant le juge supérieur, l'appellant doit avoir un tems déter-
miné pour profiter de cette voie & déduire
son droit de la maniere qu'il juge lui être
la plus avantageuse. C'est pour cet effet que
VOTRE MAJESTÉ IMPÉRIALE veut qu'on lui
accorde un terme de six semaines. On pourrait peut-être trouver ce terme un peu
court, si l'appellant était obligé de rassem-
bler lui-même les pièces qui servent à l'ins-

truction de fon affaire, ou s'il fallait qu'il
fe mît en frais, en recourant à un Avocat, qui fit des copies de toutes ces écritures. On prévient cela en enjoignant au
juge inférieur d'envoyer immédiatement après
l'appel & fans autre ordre fpécial, tous les
actes au tribunal fupérieur ; de forte qu'avec
ce fecours : les fix femaines fufdites font très-
fuffifantes pour revoir l'affaire & rendre une
nouvelle fentence : les mêmes actes mettent
fouvent en évidence que les griefs déduits
& préfentés par l'appellant à la juftice fu_
périeure, font deftitués de tout fondement.
Dans ce cas comme il ferait inutile de perdre le tems & de faire de nouveaux frais,
l'appellant doit auffitôt être débouté par un
arrêt bien motivé, contenant les principales
raifons qui réfutent directement les griefs
propofés, ainfi les juges d'appel confirment
la premiere fentence qu'ils trouvent jufte,
fans entendre celle des parties qui y ac-
quiefce & qui en plaidant n'aurait pu faire
autre chofe que foutenir le *bien jugé* de
cette fentence. Au contraire fuivant la procédure ufitée en Allemagne jufqu'ici, de

même qu'en France, les juges supérieurs n'osent confirmer la sentence dont survient appel, avant que l'autre partie ait été dûment assignée ou intimée pour être entendue ; mais dès que les griefs de l'appellant ont le moindre fondement, & qu'il reste lieu à quelque doute, ou bien si l'appellant éclaircit des faits qui n'avaient pas été suffisamment discutés & s'il offre de faire de nouvelles preuves, dans ce cas il sera enjoint aux juges d'appel d'entendre les parties.

Délais portés par l'ordonnance.

POUR établir leurs droits, les parties feront tenues de fournir dans les délais portés par l'ordonnance *sus-mentionnée*, leurs pièces d'écriture qu'on nomme déduction, exception, réplique & duplique. Cette division est fondée en raison. Il peut arriver qu'immédiatement après la premiere réponse ou exception des contestations, le juge ne soit pas en état de prononcer, avant que d'avoir ouï la réplique du demandeur, & celui-ci acquérant par ce moyen le droit de

procéder deux fois à l'établiſſement de la
demande, l'égalité naturelle veut que le défendeur ait auſſi le privilége d'une double
défenſe ou duplique; mais qui ne ſent
pas la néceſſité de limiter ces dits & contredits, & que tout ce qui va au-delà des
délais ſuſdits ne ſert qu'à allonger & le plus
ſouvent à embrouiller les affaires.

Inſtances.

IL n'eſt pas moins néceſſaire de fixer les inſtances ou différentes voies de procédures: trois
inſtances ſuffiſent pour diſcuter ſolidement
les affaires litigieuſes, de quelque nature
qu'elles ſoient : pour prévenir les incidens &
les difficultés qui arrètent la déciſion, Vo-
TRE MAJESTÉ enjoint aux Avocats de ne
ſe charger d'aucune cauſe, ni d'entamer aucun procès avant que d'avoir pris de leurs
parties, toutes les informations néceſſaires
pour mettre la vérité dans ſon jour & les
juges en état de décider ce que de raiſon.
Si malgré ces précautions les juges de la
premiere inſtance, devant leſquels le procès a commencé, & les juges même d'appel n'ont pas rendu la juſtice à qui elle
appar-

appartient, alors la partie qui fe croit lefée,
a encore la voie de revifion, c'eft-à-dire le
bénéfice de la troifieme inftance, pour expofer fes griefs, en fuivant la procédure
prefcrite pour l'inftance d'appel. L'une
& l'autre de ces deux dernieres inftances peuvent être terminées dans l'efpace
de fix mois, & fouvent beaucoup plutôt par
un arrêt rendu avec entiere connaiffance de
caufe, qui confirme le précédent, ou bien
le change & le réforme par les raifons tirées du fait & du droit inferées dans l'arrêt,
ou qu'on y joint lorfqu'elles demandent
une ample difcuffion. VOTRE MAJESTÉ IM-
PÉRIALE a voulu que l'exactitude fut pouffée à fon dernier période. Par exemple, il
arrive quelquefois qu'une partie a obtenu
gain de caufe dans les deux premieres inftances, de forte qu'elle a par devers foi deux
fentences ou arrêts conformes, c'eft-à-dire
que l'arrêt prononcé en feconde inftance confirme à pur & à plein le jugement rendu en
premiere inftance. Dans ce cas-là, la pré-
fomption eft du côté de la partie, qui a eu
deux fois gain de caufe, fi la partie ad-

<table>
<tr><td>Tome II.</td><td>T</td></tr>
</table>

verfe a recours à la troifieme & derniere
inftance, & que les deux rapporteurs nommés, jugent que cette partie a raifon, &
qu'ainfi il y a lieu à réformer les deux précédentes fentences ou arrèts conformes, alors
il faut que chaque membre du tribunal
opine féparément & que tous, fans fe communiquer leurs avis, envoient chacun le
leur au préfident, afin qu'après avoir compté les voix, & difcuté de nouveau l'affaire
dans l'affemblée, on rende conformément à
la pluralité des voix, un arrèt bien motivé,
qui refute les raifons contenues dans les jugemens précédens. Si l'on objecte que malgré tout cela, les confeillers de la chambre
ou du tribunal qui jugent en dernier reffort, quelqu'habiles & expérimentés qu'ils
foient, peuvent encore fe tromper, & faire
tort à l'une des parties, & qu'ainfi il eft
dur de lui ôter toute reffource de faire re-
dreffer ce tort; n'eft-il pas aifé de répondre
que la difficulté fubfiftera toujours, dût-on
augmenter le nombre des inftances à l'infini, c'eft-à dire éternifer les procès? eft-il
des précautions capables d'empêcher que le

bon droit ne foit léfé? autant vaudrait-il
dire qu'on a trouvé les moyens de délivrer
les hommes de toutes leurs imperfections !
des plans de la nature de celui-ci parviennent à leur but, quand ils mettent les
chofes fur le meilleur pied où elles puiffent
être, les hommes étant tels qu'ils font.
D'où il faut conclure, que le nombre de
trois inftances doit être en quelque forte
facré & que le fouverain ne faurait équitablement y en ajouter de nouvelles, ou
nommer des commiffions ultérieures, fous
prétexte de privilégier quelques perfonnes.
Toute infraction des loix eft fouverainement
dangereufe, & le prince qui la permet,
jette fes fujets dans une jufte défiance.
Quand il eft queftion d'établir les loix, on
ne faurait apporter trop d'attention à les
rendre convenables au bonheur des peuples; mais quand une fois elles font en vigueur, le dommage que certains particuliers
peuvent en fouffrir dans des cas extrême-
ment rares, n'eft pas une raifon fuffifante
de changer l'ordre & de violer la loi. Ces
particuliers eux-mêmes, fi la raifon les gui-

dait, conviendraient qu'ils se trouvent dans le cas de faire un sacrifice au bien public, qui l'emporte sur leur intérêt particulier. Il en est comme des désordres apparens de la nature. Ce sont des exceptions qui résultent nécessairement des sages loix sur lesquelles Dieu régle le gouvernement du monde; & qui pourrait prétendre sans folie, que Dieu intervint par des miracles, pour le tirer des cas où ces exceptions tournent à son dommage?

Tribunaux supérieurs dans leur constitution.

Il s'agit de développer la constitution des tribunaux. C'est un sujet de la dernière importance. Ils seront pour l'ordinaire composés d'un Chef ou Président, & d'un certain nombre de conseillers ou assesseurs. Il y aura outre cela la chancellerie dont ce n'est pas ici le lieu de parler. Le Président aura l'inspection sur tous les membres du tribunal & c'est de concert avec eux, qu'il régle tout ce qui ressortit de ce tribunal. Les conseillers sont dans l'obligation de se charger du travail que le Président leur impofe. Leur but commun, de même que le vœu de VOTRE MAJESTÉ IM-PÉRIALE, c'eft que la juftice foit rendue fans aucune acception de perfonnes, & fans perte de tems, d'une maniere exactement conforme aux loix & aux ordonnances. Mais comme la fupériorité de ces tribunaux demande une fupériorité de talens dans ceux qui les compofent, ils doivent joindre à une connaiffance exacte des loix naturelles & civiles, & à l'habileté requife pour en faire l'application dans les cas qui fe préfentent, des vues pures, des intentions conftantes de rendre à un chacun la juftice, des foins & des attentions infatigables. VOTRE MAJESTÉ IMPÉRIALE exige de plus d'eux, de l'ordre & une conduite réglée dans les affaires domeftiques ; car celui qui ne fait pas gouverner fa maifon, s'entendra-t-il mieux à gouverner les citoyens ; & fur-tout le défordre de fes affaires ne le rendra-t-il pas plus acceffible aux tentations, plus facile à corrompre ? C'eft par une fuite de cette confidération, que VOTRE MAJESTÉ IMPÉRIALE veut que tout confeiller & tous membre de juſtice dont les biens tomberont en décret, ſeront caſſés *ipſo facto* ; à moins qu'il ne ſoit bien prouvé que c'eſt l'effet d'un cas malheureux & qui mérite la commiſération du prince. Peut-on donner une idée trop relevée de l'importance des fonctions de ceux qui ſiégent dans les tribunaux pour juger ? C'eſt le bonheur de chaque perſonne, qui fait celui de toute une famille, le bonheur de chaque famille qui fait celui d'une ſociété, d'une ville, le bonheur de chaque ville qui fait celui des provinces, de tout un état. Or ce bonheur conſiſte principalement dans la jouiſſance paiſible des avantages qu'on a acquis par des voies légitimes. C'eſt le bon ordre de la juſtice, l'habileté, l'intégrité, la vigilance des magiſtrats qui font la baſe de ce bonheur. Il en réſulte une égalité entre les ſujets, qui empêche le plus faible d'être la victime du plus fort, en les mettant dans une dépendance commune des loix. D'où il réſulte que des emplois de cette importance, doivent être munis de tous les ſecours extérieurs, qui peuvent les rendre reſpectables,

& fur-tout que le fouverain, au nom duquel la juftice s'adminiftre, doit la foutenir
de toute fon autorité. C'eft pour cette raifon que VOTRE MAJESTÉ IMPÉRIALE a
voulu que la magiftrature fût fur un pied
honorable & diftingué, & que ceux qui adminiftrent la juftice foient falariés d'une maniere qui leur attire de la confidération;
parce que les chofes les plus excellentes
peuvent tomber dans l'aviliffement, faute de
ce relief extérieur. VOTRE MAJESTÉ eft
trop éclairée pour ne pas voir que l'effentiel eft de purger d'abord les chambres de
juftice, de tous les fujets qui les désho-
norent & qui péchent, foit par une ignorance groffiére, foit par malice; vous êtes
convaincu que ce ferait prodiguer fa pitié
que de l'accorder à des juges deftitués pour
pareilles caufes, ou plutôt que ce ferait
une pitié cruelle que celle qu'on aurait de
leur fort; puifqu'il s'agit vifiblement d'opter
entre l'intérêt perfonnel d'un petit nombre
d'hommes fort méprifables, & le bonheur de
toute la fociété.

VOTRE MAJESTÉ veut que les tribunaux soient composés de gens d'élite, & voici comme vous ordonnez que les choses s'y passent.

1. LE Président qui doit avoir une supériorité de mérite, aussi bien que de rang sur ses assesseurs, sera tenu d'un côté de veiller exactement à ce qu'ils remplissent leurs devoirs, & de l'autre d'être fort attentif aux siens propres. Avant que de distribuer les actes ne faut-il pas qu'il acquiére lui-même une idée nette de la nature de chaque procès. Comme il ne doit jamais perdre de vue la chancellerie & les Avocats; vous voulez qu'il repasse tous les mois les actes; afin de voir si les affaires se poussent comme elles le doivent, & pour ramener à leur devoir ceux qui les négligent, en employant les censures ou même les punitions. Vous voulez de plus qu'à l'exemple de VOTRE MAJESTÉ il reçoive sans distinction toutes les représentations qui lui sont adressées, que les conseillers de tout le collége fassent le rapport de ces réprésentations à l'ouver-

ture de la féance, & que les réfolutions qui les concernent, foient pareillement prifes par tout le collége. Le préfident en un mot eft comme l'ame du corps, puifque c'eft lui qui doit, en dirigeant tout conformément aux loix, donner le branle à tout le corps & en régler l'action. Comme les Confeillers font obligés à feconder le Préfident, pour cet effet leur affiduité eft fpécialement requife. En conféquence VOTRE MAJESTÉ IMPÉRIALE défend expreffément aux uns & aux autres, de s'abfenter pour des raifons légéres & arbitraires. Comme le Confeiller qui aura le rapport d'une affaire en doit déformais répondre, vous voulez que ce motif l'engage fuffifamment à y donner tous fes foins; du refte vous ordonnez que tous les Confeillers de même que le Préfident dont les devoirs font à peu près les mêmes, s'acquittent avec la derniere exactitude de tous leurs devoirs, & dans toute leur étendue.

QUANT aux détails des procédures, voici le plan que VOTRE MAJESTÉ IMPÉRIALE veut qu'on fuive. Dans une nouvelle or-

donnance émanée de VOTRE MAJESTÉ IM-
PÉRIALE, fe trouveront réunies dans un feul
article & fous un même point de vue diverfes chofes réglées, dont le but eft d'a-
bréger infiniment le détail des procédures.
Une des principales confifte dans la maniere
preferite pour faire de bouche toutes les remontrances & actes requis pour l'inftruction
du procès. Les Avocats en fe chargeant des
caufes, feront tenus d'être munis de procu-
rations de leurs parties. Eux feuls feront tenus d'inftruire la caufe, & de comparaître
aux jours d'audience de la cour de juftice
où ils font établis. Avant la plaidoirie, eux
ou ceux qui feront fubftitués à leur place,
quand ils ne pourront pas faire acte de leur
préfence, préfenteront leurs pièces d'écriture, dont l'original eft joint aux actes ju-
diciaires & la copie fur le champ remife à
l'Avocat de la partie adverfe. Ils demande-
ront les délais fuivant l'exigence des cas,
& feront tel autre requifitoire qu'il convien-
dra pour inftruire le procès ; au lieu des requêtes, fommations, interpellations, & autres actes par écrit qui fe faifaient ci-de-

vant dans le cours du procès. Sur quoi après avoir briévement ouï l'Avocat de l'autre partie, la juftice, fur le protocolle tenu à ce fujet, donnera un décret qui fera publié à l'audience fuivante. Mais s'il furvient par hazard quelqu'incident qui ne puiffe pas être decidé d'abord, les Avocats feront renvoyés dans l'autre chambre pour plaider & contefter plus amplement. En conféquence on délivrera les expéditions au Greffe ou à la chancellerie; ce qui épargnera tout le tems & les frais qu'il en coûtera aux parties pour dreffer les requêtes, & pour faire fignifier les décrets, fommations & autres actes: il eft encore une autre précaution que VOTRE MAJESTÉ IMPÉRIALE veut qu'on prenne, c'eft qu'aucune répréfentation ne foit reçue, à moins qu'elle ne foit fignée d'un Avocat, & vous voulez pour de bonnes raifons, que l'Avocat n'en figne aucune qui foit irréguliere & qu'il dreffe lui-même le mémoire fuivant la teneur de l'ordonnance, faute de quoi il fera d'abord mis à l'amende. S'il arrive que quelque partie opiniâtre, veuille paffer outre & négliger ces formalités, qu'il foit abandonné à fon malheureux fort; ou fi l'Avocat l'affifte, l'Avocat fera tenu de produire à la juftice une déclaration, dans laquelle il fera exprimé comment il a voulu détourner fa partie de pouffer l'affaire dont il s'agit & lui en a repréfenté les fuites, qui retomberont alors uniquement fur ladite partie, & afin qu'il paraiffe, qu'aucun plaignant n'eft abandonné & dénué de fecours, l'Avocat fera tenu d'expliquer aux perfonnes qui forment de femblables plaintes, les raifons qui engagent la juftice à ne faire aucune attention à leurs griefs. Comme VOTRE MAJESTÉ IMPÉRIALE, veut que la juftice foit en bonne partie rendue gratis à tous fes fujets, elle veut que ceci s'entende plus fpécialement des pauvres; en conféquence tout Avocat qui fera convaincu d'avoir refufé de fe charger de la caufe de quelque pauvre que ce foit, étranger ou naturel du pays, fera caffé pour toujours. Mais auffi pour arrêter la fureur des gueux de plaider, & empêcher qu'ils n'abufent de la facilité qu'ils auraient d'inquiéter les tribunaux, la partie perdante, s'il eft bien conftaté qu'il

n'y ait point eu de furprife, & que c'eft par
pure fantaifie ou par l'effet de quelque paffion
qu'elle a ouvert action en juftice , fera
condamnée aux traveaux publics pour un
tems ou pour toujours, s'il y a eu plus de
récidives.

LA premiere fonction des Avocats eft de
donner leurs confeils fur les affaires dont
on leur fait l'expofition, de fe charger des
caufes qu'on leur met entre les mains s'ils
les trouvent juftes, pour les plaider aux au-
diences des tribunaux où ils exercent leur
profeffion. Ils doivent auffi faire les écritures
néceffaires pour l'inftruction des procès ; &
ce n'eft pas une de leurs moindres fonctions,
d'établir les prétentions des parties , foit par
des moyens de droit, foit par des preuves
de faits réfultans des piéces ou d'enquètes
ou autrement, & pour détruire les prétentions oppofées des parties adverfes par les
mêmes voies, & en général de faire toutes
les efpéces d'écritures , demandes, repliques,
avertiffemens, contredits & autres qui peuvent demander l'ufage de leur miniftere.

COMME toutes les fonctions des Avocats ne leur font pas communes en tout pays dans tous les tribunaux, par exemple, de requérir les enregiftremens des lettres de provifion des premieres charges de l'état, & d'y haranguer fur cette cérémonie, de même dans les fiéges royaux où il n'y a pas affez de juges pour juger les crimes fans appel, on prend les Avocats pour en remplir le nombre, & le plus ancien des Avocats tient le fiége en l'abfence des juges ; il y a auffi des fénéchauffées & des préfidiaux en France où les Avocats exercent la profeffion de procureurs ; & c'eft ce que VOTRE MAJESTÉ IMPÉRIALE veut pareillement qu'ils pratiquent dans toute l'étendue de vos vaftes états, comme étaient ci-devant les procureurs, qui faifaient le recueil des informations & qui étaient chargés de prefque toute la conduite du procès ; aujourd'hui par une nouvelle ordonnance émanée du trône, VOTRE MAJESTÉ IMPÉRIALE. enjoint aux Avocats de vaquer eux feuls à ces fonctions ; expedient des mieux imaginés, pour décharger les parties d'une très-grande quantité de frais ; c'eft pour cette raifon que Votre Majesté impériale abroge fans retour dans toute l'étendue de fa domination, l'office des Procureurs. Par ce moyen la fociété fe trouve délivrée d'une vermine très-nuifible; de forte que déformais ce fera aux Avocats à fe mettre foigneufement au fait de toutes les circonftances avant que d'entamer un procès. Ils prendront un foin particulier de s'inftruire avec la derniere exactitude des preuves, avant que de propofer la plainte; raffembler les documens, & pourvoir en général à tout ce qui peut inftruire folidement & terminer promptement les affaires. En effet n'eft-il pas facile après cela de fe former une idée jufte des moyens & de la marche néceffaires, pour conduire un procès fans aucune interruption & jufqu'à la fin. Dès que les Avocats ont par devers eux toutes les informations en entreprenant l'affaire, ne leur eft-il pas libre de paffer auffitôt à la preuve. Or on a fixé certains tems pour cela, fous peine de la perte du procès, il eft aifé d'en fentir les raifons, & il n'eft point à craindre que les parties abfentes puiffent fouffrir de ces arrangemens, ni que cette promptitude foit préjudiciable aux abfens & à toutes perfonnes arrêtées par des obftacles légitimes, en les privant du tems & des moyens de déduire leur droit. N'eft-il pas requis à l'égard du demandeur comme on vient de le voir, que l'affaire foit pleinement inftruite avant que d'être portée en juftice, qu'il dépend de lui de prendre tout le tems dont-il a befoin pour inftruire & que l'Avocat même ne doit pas l'entreprendre, qu'il ne la voie en état d'être pouffée & vuidée dans l'enceinte des termes prefcrits : la plus grande difficulté ferait à l'égard du défendeur; mais il eft extrèmement rare qu'il puiffe fouffrir des arrangemens ci-deffus établis. Qu'on fuppofe par exemple qu'on attaque un officier abfent, ou toute autre perfonne dûment empéchée, n'eft-il pas réglé que le défendeur a le droit d'expofer d'abord fes empechemens & de demander un délai, pour avoir le tems de raffembler fes moyens de défenfe? Or le tribunal ne pourra fe difpenfer d'accorder au défendeur en pareil cas, le délai jugé néceffaire & convenable aux circonftances où il fe trouvera; & de

plus

plus la procédure ne pourra être entaméc qu'après l'expiration de ce délai ; eft-il donc poffible de mieux pourvoir à tout, humai-nement parlant.

UN des plus grands abus des tribunaux dans tous les pays, c'eft la lenteur avec la-quelle les confeillers ont coutume de faire leurs rapports qui traînent pendant un tems infini chez eux. C'eft à cet abus que VOTRE MAJESTÉ IMPÉRIALE a voulu particuliére-ment remedier ; en conféquence vous ordon-nez d'expédier toute forte de rapports dans l'efpace de huit ou de quinze jours tout au moins, fuivant qu'il renfermera plus ou moins d'ouvrage ; & s'il eft néceffaire dans certains cas abfolument néceffaires de paffer ce terme, VOTRE MAJESTÉ veut que ce ne foit qu'après avoir produit les preuves de cette néceffité au préfident. S'il eft quelqu'un qui croie que l'éxécution de ce réglement foit impoffible, en alléguant pour raifon qu'il faut que les procès parviennent à un certain dégré de maturité, il fe fait bien illufion ; car, qu'eft-ce que la maturité d'un procès ? Sinon la pleine & folide inftruction ? n'a-t-on pas des exemples fans nombre que l'inftruction de quelque procès que ce foit peut aifément fe parfaire dans l'efpace de huit, ou quinze jours ? Le premier des devoirs des Avocats eft de fe rendre capables de leur profeffion & de ne s'engager à plaider qu'à proportion de la capacité qu'ils auront acquife. Le fecond de n'employer dans la défenfe des plus juftes caufes que la juftice & la vérité, s'abftenant non feulement de fuppofition dans les faits, de toute mauvaife foi, de toute furprife dans les raifonnemens ; mais auffi des injures, des emportemens & de tout ce qui pourrait bleffer non feulement la juftice, mais auffi la bienféance & le refpect dû à fon tribunal ; mais comme VOTRE MAJESTÉ IMPÉRIALE connaît trop bien l'humanité pour qu'on ne lui accorde pas quelque chofe, vous avez voulu que le réglement fuivant fut mis en vigueur. Le premier jour de citation où les parties feront tenues de convenir, les Avocats des deux parties ne feront qu'un expofé le plus fuccinct que poffible du litige, enfuite il fera permis à l'acteur de vomir contre celui qu'il attaque toutes les injures poſſibles, ſans qu'il en puiſſe être repris, ni qu'on puiſſe lui en faire aucun crime, & il lui ſera accordé une demi-heure pour évacuer ſa bile; cette demi-heure expirée le défendeur aura la même liberté de repliquer pendant le même eſpace de tems & dans les termes qu'il jugera à propos, ſans qu'on puiſſe auſſi lui faire aucun crime de ſes repliques ; mais ce privilége ne ſera accordé qu'aux parties préſentes, qui ne pourront être repréſentées par perſonne pour jouir de ce privilége. Ce tems écoulé les Avocats continueront de plaider. Il ne ſera jamais permis à ceux-ci de ſe charger de cauſes évidemment injuſtes ſous peine d'être caſſés pour toujours. Comment pourrait-on leur permettre de défendre des cauſes injuſtes, puiſqu'il ne leur eſt pas permis de défendre la juſtice même par de mauvaiſes voies ? Et ceux qui tranſgreſſent ce devoir, ſe rendent complices de l'injuſtice de leurs parties & coupables d'un parjure en violant leur ſerment. Car par ce ſerment ils jurent de ſe conformer aux ordonnances qui leur défendent de ſoutenir de mauvaiſes cauſes, & y ajoutent la peine de tous dépens, dommages & intérêts des parties. L'honneur de la profeſſion d'Avocat demande, que non ſeulement s'abſtiennent de toute prévarication ; de traiter avec leurs parties pour leur droits & prétentions, de faire durer les procès, de faire la fonction de juges dans les cauſes où ils ont fait celle d'Avocats ; mais auſſi de toute avarice de toute léſine, en un mot de tout acte ſordide, de ſe rendre difficiles au payement de leurs vacations ; ils doivent être acceſſibles à tout le monde, & ſur-tout aux pauvres qu'ils doivent ſervir gratis.

F I N du Tome II.

[illegible]